LO QUE LA GENTE LISTA SABE DE:

SÉ TU JEFE EN 6 MESES

DE LOS CREADORES DEL MODELO:

EMPRENDEDOR
SNAP
CERTIFICADO

SNAP®:
La Metodología ha GUIADO a los
Emprendedores Triunfadores

A. Godínez / G. Hernández

Sé Tu Jefe En 6 Meses

OTROS LIBROS DE LOS AUTORES

Estos libros pueden ser adquiridos mediante la página www.amazon.com, www.lulu.com o bien mediante Ignius Media directamente llamando al +52 (477) 773-0005 o escribiendo a info@ignius.com.mx

El Prodigio

- Integra la Competitividad como herramienta clave en todas las áreas de tu vida.
- Ignius Media Innovation, 2008

Despertar

- Libera el potencial infinito que hay dentro de ti.

- Ignius Media Innovation, 2009

Vitaminas para el Éxito

- ¡Consigue lo que deseas!
- Ignius Media Innovation, 2010

Despertares en Armonía

- Relatos que enriquecen e inspiran el corazón, realizados por Mujeres que comparten su Despertar a la Armonía.
- Ignius Media Innovation, 2010

Despertares en Armonía II

- Nuevos relatos que enriquecen e inspiran el corazón.
- Ignius Media Innovation, 2013

El Gran Libro de los Procesos Esbeltos

- Los principios actuales de LEAN MANUFACTURING en industrias, negocios y Oficinas, ¡Aplicados sin Igual!
- Ignius Media Innovation, 2014

El Gran Libro de las Mejores Preguntas para Vender – Versión ORO-

- Los secretos de la herramienta más poderosa que puede DUPLICAR TUS VENTAS: Vende Preguntando®
- Ignius Media Innovation, 2014

El Gran Libro de las Mejores Preguntas para Vender – Versión PLATINO-

- ¡MÁS! de los secretos de la herramienta más poderosa que puede DUPLICAR TUS VENTAS: Vende Preguntando®
- Ignius Media Innovation, 2014

Lo que la Gente Lista sabe del Aprendizaje

- El aprendizaje es la llave que te permitirá abrir cualquier puerta en tu vida
- Ignius Media Innovation, 2014

Planeación Estratégica TOTAL

- Descubre lo que tienes que saber para ser EXITOSO EN LOS NEGOCIOS.
- Ignius Media Innovation, 2014

Empoderamiento Emprendedor

- SNAP: La Metodología que ha Formado EMPRENDEDORES IMPRABLES
- Ignius Media Innovation, 2015

El Emprendedor SIN LÍMITES

- SNAP: ¡A Metodología que ha formado EMPRENDEDORES INNOVADORES
- Ignius Media Innovation, 2015

Recursos Humanos HUMANOS

- El proceso ACTUAL para tener Personal Feliz y Organizaciones Prósperas con un Enfoque 100% Humano.
- Ignius Media Innovation, 2015

Abundancia Ilimitada

- El proceso ACTUAL para tener Personal Feliz y Organizaciones Prósperas con un Enfoque 100% Humano.
- Ignius Media Innovation, 2015

Liderazgo DEFINITIVO

- Cómo los mejores líderes aumentan su éxito en la vida y en los negocios.
- Ignius Media Innovation, 2016

SÉ FELIZ SIEMPRE

- Crea el futuro que tú deseas aún cuando pienses que no puedes.
- Ignius Media Innovation, 2016

Productividad Millonaria

- El camino único que garantiza que logres mucho más en menos tiempo.
- Ignius Media Innovation, 2016

Estrategia Disruptiva

- Desata el Poder de la Estrategia al MÁXIMO NIVEL.
- Ignius Media Innovation, 2017

Poder Kaizen

- El método preferido de MEJORA CONTINUA para maximizar los resultados de toda organización.
- Ignius Media Innovation, 2017

SÉ TU JEFE EN 6 MESES

D.R. © 2015, Ana María Godínez González y Gustavo Hernández Moreno www.ignius.com.mx

Publicado por: © 2015, Ignius Media Innovation,
León, Guanajuato, México
+52 (477) 773—0005
www.igniusmedia.com

Diseño de Cubierta:	Pablo Vázquez
Diseño de Interiores:	Gustavo Hernández Moreno
Corrección de Estilo:	Ana María Godínez González
Edición:	Carlos Alonso Pérez Fernández
Fotografía de Portada:	Gustavo Hernández Moreno
Primera Edición:	Octubre, 2015
ISBN:	
Registro de Autor:	

recomendaciones y estrategias contenidas en el presente, pueden no ser ajustadas a tu situación en particular.

ANA MARIA GODÍNEZ

Psicóloga, Empresaria, Escritora, Conferencista, Máster en Dirección Estratégica y Gestión de la Innovación; Experta en Grupos Operativos, Herramientas Avanzadas de Educación y Entrenamiento Dinámico, Liderazgo Transformacional y Ventas; especializada en procesos Industriales y Métodos de Negociación y Solución de Conflictos, cuenta con más de 16 años de experiencia práctica profesional.

Su formación y crecimiento interpersonal la han llevado a desarrollar innovadoras perspectivas en soluciones únicas de Productividad, Liderazgo, Ventas, Estrategia, Marketing, Éxito y Desarrollo Personal, creando un gran poder de transformación y acción, generando enormes beneficios, ventas y utilidades en las empresas y organizaciones asesoradas.

Desde muy temprana edad demostró sus habilidades en los negocios y relaciones humanas, creando emprendimientos de alta calidad, pero sobre todo, siempre orientados a resultados con una amplia perspectiva de futuro. En lo académico se destacó por ser invitada por profesores a compartir sus habilidades en Aprendizaje Acelerado.

Sus habilidades de Comunicación la han llevado a ser ampliamente reconocida por sus "video—entrenamientos" que, mes a mes, llegan a miles de personas en toda América.

GUSTAVO HERNÁNDEZ

Empresario, consultor y constante conferencista internacional, Ingeniero Industrial, Máster en Dirección Estratégica y Gestión de la Innovación es, también, Experto en Desarrollo Tecnológico, Diseño de Software, Métodos de Solución de Problemas y Creador de Trabajo Eficiente; así mismo Inventor, Fotógrafo, Productor, Editor y Escritor.

Se desempeñó exitosamente como Director General de una reconocida compañía proveedora internacional de la Industria Automotriz, cuyas ventas anuales superaron los $100 millones de dólares entregando sus productos a diferentes y más destacadas marcas continentales como BMW, Toyota y GM entre muchas otras.

A sus logros se suman la creación de diversas empresas de Innovación y Desarrollo de Tecnología aplicada a productos, procesos y servicios, cuyas patentes llegaron a protegerse y comercializarse internacionalmente por sumas mayores a los $20 millones de dólares.

Es un individuo ejemplar, creativo e incansable que está en una continua búsqueda y desarrollo de soluciones que ayuden a cientos de miles de personas y organizaciones a tener mejores resultados y aumentar su nivel de prosperidad, eficiencia y felicidad.

DEDICATORIA

Quiero dedicar este libro tan especial a las dos personas mas importantes en mi vida: a mi Papá quien con su impulso, apoyo y ejemplo logró que fuera el emprendedor y el hombre de negocios que soy ahora siempre basado en una entrega y amor al trabajo, y a Ana quien ha sido y será la mejor socia y esposa, compañera incansable de lucha y estrategia que la vida pudo darme para que juntos hiciéramos en muy poco tiempo emprendimientos que ayudan a millones de personas y nos llenan de satisfacción por el bien que hacen al mundo, ¡Gracias Infinitas!

Gustavo Hernández

"La batalla de la vida no siempre la gana el hombre más fuerte, o el más ligero, porque tarde o temprano, el hombre que gana es aquel que cree poder hacerlo.".
Napoleón Hill

INTRODUCCIÓN

Esta serie de libros enfocados al emprendimiento son uno complemento de el otro, donde en cada uno abordamos temas tan importantes y profundos que han demostrado ser increíblemente relevantes en la formación tanto de los nuevos emprendedores como en el perfeccionamiento de empresarios y hombres y mujeres de negocio consolidados.

En este libro abordamos de una manera singular los pasos que necesitas para convertirte en tu jefe en tan pronto como seis meses; es un texto lleno de planes de acción, ejemplos detallados, pensamientos refinados y líneas de trabajo que han sido los pilares fundamentales de emprendimientos que son exitosos en el corto tiempo y florecientes y en expansión en el mediano y largo plazo.

Como todas las iniciativas de nosotros como empresarios y asesores internacionales este libro tiene una perspectiva exclusiva que permite que el lector se involucre con las ideas y obtenga un beneficio tangible al ir aplicando las recomendaciones y haciendo los ejercicios que nosotros compartimos, todas nuestras lecturas tienen un lenguaje claro y sin rodeos donde la experiencia practica de años y de haber asesorado a cientos de empresas continentalmente se hace palpable.

Nosotros hemos querido abrir y compartir este conocimiento que por años hemos refinado a fin de que la mayor cantidad de personas sea beneficiada y tenga todo lo necesario para tener en sus manos el poder de expandirse y prosperar.

Esperamos que puedas disfrutar pero sobre todo puedas llegar a ser tu propio jefe en seis meses... O menos!

Gustavo Hernández y Ana María Godínez

Consultores y empresarios internacionales

CONTENIDO

SECCIÓN UNO

Sé Tu Jefe En 6 Meses

CAPÍTULO I

La Mente del Emprendedor SNAP

"Todo lo que somos es el resultado de lo que hemos pensado; está fundado en nuestros pensamientos y está hecho de nuestros pensamientos".

–Buda.

¡Bienvenido a este nuevo libro! Este libro está diseñado para que seas Tu Jefe En 6 Meses. Este libro es parte del programa de Empoderamiento Emprendedor que hemos diseñado para ayudar a todos los jóvenes y cualquier persona de cualquier edad, que tenga el deseo de emprender un negocio.

Es muy importante que tengas muy claro en tu mente, de que quieras emprender un negocio y que sea algo en lo que estés dispuesto a invertir tu tiempo y dinero. También debes de tener la disposición de aprender muchísimo, porque es un camino muy largo el que hay que ir recorriendo para que el negocio tenga éxito.

Este libro está diseñado para ir tocando lo que tienes que hacer antes, durante y después de que ya esté abierto el negocio. Va a ser un proceso, en donde cada capítulo te vamos a ir dando tips y herramientas que tienes que considerar, para que tu negocio sea un éxito.

En este primer capítulo, vamos a abordar El Pensamiento del Emprendedor. Yo hablo mucho de pensamientos y de cuidar los pensamientos que hay en tu mente, porque al final es lo que nos ayuda a impulsar y hacer realidad la idea que hoy tienes en tu mente. Hay una frase que dice que el 80% del éxito es mental, todo lo que pensamos le corresponde ya a un 80%, y otro 20% es esa acción constante que como emprendedores hay que tener para hacer que suceda.

Siempre piensa que hay una manera de hacerlo mejor

Esto es a lo que llamamos la *mejora continua*, si tú como emprendedor estás frecuentemente pensando cómo hacer las cosas con más sencillez o con más rapidez. Conforme vayas creciendo, si en tu mente siempre está presente la mejora continua, no tienes por qué fallar. La mayoría de los negocios cuando llegan al éxito es porque tienen una cultura organizacional de siempre estar mejorando las cosas.

Piensa en hacerlo a lo GRANDE

No pensar en hacer pequeñeces o mediocridades, por eso muchos emprendimientos se quedan frustrados porque se ven limitados por su pensamiento y esto no les permite crecer.

Cuesta lo mismo pensar en GRANDE que pensar en chiquito. Gustavo (mi esposo) siempre dice que es mejor pensar en grande aunque te quedes corto, si de todos modos vas a pensar piensa en grande para que subas el estándar del negocio que tú puedes tener.

Muchas veces por el ambiente en el que nos desenvolvemos o por nuestra historia familiar o por los trabajos que hemos tenido, de repente no tenemos el contexto para pensar en grande. Esta parte de pensar en grande, la tenemos que ir desarrollando de poco en poco, a leer historias de emprendedores que han tenido éxito y con más inspiraciones que te permitan liberar tu pensamiento y poder pensar en grande.

No quieras controlar todo

Si tú quieres controlar tu negocio, a tus colaboradores y a tu cliente, no vas a poder. Es preferible soltar el control de ciertas cosas, para que tú te puedas enfocar a lo que sea realmente importante.

Muchos emprendedores no confían en la gente que contratan, en sus proveedores, ni en sus socios, entonces quieren tener control de todo y al final ellos mismos no tienen tiempo, se quedan atados y ya no pueden hacer crecer el negocio.

Desde el inicio tienes que estar consciente de que vas a tener que confiar en diferentes personas y que vas a tener que desarrollarlos para que puedas tener esa confianza. Hay una frase que dice *"si quieres que las cosas se hagan bien, hazlas tú mismo"*, pero si tienes ese pensamiento como emprendedor, te darás cuenta que no vas a tener tiempo de hacerlo todo tú, no vas a poder crecer y va a llegar un punto en el que estés totalmente saturado de cosas por hacer.

Sabes que pueden haber situaciones difíciles y estás preparado para afrontarlas

No todo va a ser esplendido y súper fácil. Todo el camino del emprendimiento es un proceso, y dentro de este proceso vas a tener muchos aprendizajes negativos y positivos. Recuerda que no son fracasos sino aprendizajes negativos, tú debes decidir ver esos momentos con "otro enfoque" para que puedas seguir avanzando.

Quiero ser muy honesta contigo, no hay un programa emprendedor que te garantice al 100% que vas a tener éxito. Pero lo que sí existe y se puede es preparar tu mente, para cuando algo esté difícil o estemos afrontando alguna situación que no hayamos contemplado, estemos preparados mentalmente para ser más grande que ese problema y tener la actitud correcta para poder salir de esa situación lo más rápido posible.

Este camino del Emprendedor, a mí me gusta mucho porque no todas las personas lo siguen. Lo siguen aquellas personas que tienen un sueño, un ideal y creen en ellos, aquellos que al final son capaces de tener esa fortaleza y ese coraje de avanzar a pesar de las adversidades. Mucha gente se rinde en el camino, yo te invito a que siempre estés leyendo información para que tu contexto se esté ampliando constantemente y puedas estar preparado para las situaciones difíciles.

Eres una persona inquieta, te gusta experimentar a fin de logra mejores resultados

No te enganches, ni te generes paradigmas de que sólo hay una forma de hacer las cosas. Pueden haber otras maneras de hacerlo que sean más sencillas, más prácticas, más baratas; y si tú te cierras a hacer las cosas de una sola manera vas a entrar a una zona de confort que no te va permitir avanzar.

Sé una persona inquieta, observa de diferentes negocios cómo hacen sus procesos, cómo tratan a sus clientes, cómo abordan la capacitación de sus colaboradores, en fin tú tienes que estar aprendiendo y moviéndote para llevar al éxito tu emprendimiento.

Tienes una excelente relación con el dinero

No porque vayas a ser emprendedor y vayas a empezar a ganar dinero, vas a gastarlo todo en comprarte un coche nuevo o en subir tu estándar de vida. Cuando estamos iniciando este proceso, debemos de tener una muy buena relación con el dinero; hablo de que cuando éste empiece a llegar a tu negocio lo administres muy bien, debes de saber en dónde vas a invertir, qué cantidad de dinero vas a poner en qué cosas, sí disfrútalo pero **no te sobrepases**.

Como te lo comenté, todo esto es un proceso y habrán momentos donde no estés vendiendo de la manera que esperas, y si no tienes un ahorro o un dinero para invertir o sostener tus gastos fijos puedes perder negocios o inclusive te puedes comenzar a frustrar.

Eres muy ambicioso (positivamente)

A veces en nuestras culturas latinoamericanas se habla de la ambición como algo malo, que pierde a las personas, que la ambición te quita los pies de la tierra, pero la verdad esa clase de comentarios los hacen las personas que no han podido lograr nada en su vida.

Todas las personas exitosas, que han demostrado lograr en este proceso de emprendimiento y que lo han llevado a lo grande, son personas que han sido ambiciosas por tener dinero, por querer crecer su negocio y por expandirse. Así que no le tengas miedo a la ambición, la ambición no es mala, por el contrario es positiva sin ella te vas a quedar chiquito en tu emprendimiento.

Observas cosas interesantes en otras áreas o en otros negocios

Todas las personas exitosas, que han demostrado ser exitosos en el proceso de emprendimiento y que lo han llevado a lo grande, son personas que han sido ambiciosas por tener dinero, por querer crecer su negocio y por expandirse.

Que lo hayan hecho antes no implica que no pueda ser mejor

No te sientas especial y pienses que lo que estás haciendo es único o es la mayor innovación de todas, ya que pueden haber personas que ya hayan hecho algo similar a ti. Aquí también es importante que te estés preparando para ver qué existe actualmente en el mundo y en el mercado y en base a eso tú puedas implementar tu producto o servicio más rápido.

Esto es muy importante, que no quieras hacer las cosas tú solo y a tu manera, primero investiga. Esto es una buena manera de pensar y es algo inteligente, porque muchas veces te crees ya todo un Emprendedor y quieres hacer las cosas a tu manera, luego te cierras y ya no puedes avanzar.

Finalmente, una recomendación que te quiero hacer para que sigas creciendo ese pensamiento positivo en cuanto al emprendimiento, es que semana a semana busques en internet, libros o revistas de algún emprendedor de éxito y lo conozcas, quiero decir que leas su biografía, sus frases, las dificultades a las que se enfrentó y cómo las resolvió; para que tú tengas estos grandes amigos, así el día que te suceda algo similar sepas cómo avanzar y no te haga renunciar.

El mayor problema en que los emprendimientos no lleguen a ser una empresa o no lleguen a ser exitosos es porque nos desesperamos, es porque no avanzamos tan rápido como queremos, o los gastos ya nos están pisando los talones y al final dices "no esto no es para mí" y renuncias.

Historia de Éxito

Los bancos de Luis Carlos Sarmiento Angulo:

Nació en 1933, en Bogotá, en el seno de una familia de clase media, siendo el penúltimo de 9 hermanos. **Educado en instituciones estatales** hasta terminando la universidad.

A los 21 años termina sus estudios de ingeniería civil en la Universidad Nacional de Colombia Sede Bogotá. **Después de arduo trabajo** y de hacer su nombre en el sector de la construcción, Sarmiento inició una campaña de adquisiciones que **ha persistido durante décadas,** concentrándose en los bancos y las instituciones de servicios financieros.

Es considerado uno de los empresarios más prudentes de Colombia, conocido por sus técnicas de tratamiento conservador. Este **enfoque cauteloso** ayudó a montar su imperio financiero de la tormenta generada por la peor recesión en la historia de Colombia.

Visión y empuje, paciencia y dedicación, arduo trabajo, liderazgo, trabajo en equipo, **disciplina y confianza en sí mismo**, llevaron a este empresario a poseer la fortuna más grande de Colombia y a ocupar el puesto 75 como uno de los empresarios e inversionistas más ricos de mundo en el sector financiero

Claves para Ser Tu Jefe En 6 Meses

Es muy importante que te estés preparando, que estés conociendo personas exitosas (ya sea que leas sus biografías o los conozcas personalmente), que te sepas enfocar y decidas hacer las cosas de una manera diferente y sigas avanzando en tu implementación.

Piensa como un Emprendedor y desde este momento empieza a creértela de lo que vas a hacer y que lo harás bien consiguiendo el éxito. Inicia con tu mente y ya que tengas ese pensamiento emprendedor, ya habrás avanzado un 80%

CAPÍTULO II

Preguntas de Preparación Emprendedora

"Antes que nada, la preparación es la llave del éxito".

–Alexander Graham Bell, inventor del teléfono.

Vamos a explorar de manera muy honesta algunas preguntas de Preparación Emprendedora. Te pido que de verdad contestes las siguientes preguntas de manera muy honesta, probablemente tú ya tienes una idea de negocio o ya estás avanzando, así que te invito a que hagas un alto para hacerte estas preguntas, y que tú puedas responder de manera profunda y honesta.

¿Por qué te estoy pidiendo esto?, porque si no abordamos este tipo de preguntas, conforme vas a ir avanzando en este proceso de emprender te vas a encontrar con sorpresas y situaciones que no habías ni imaginado. Lo que van a hacer este tipo de preguntas es hacernos entender todo lo que estás a punto de iniciar o que ya estás en el proceso, pero lo vamos a ver de una manera diferente, de una manera estructurada donde vamos a poder validar, si realmente estás comprometido a ser un emprendedor de éxito o vas a darte cuenta que no tienes la disciplina o la personalidad o no es este el mejor momento. Es importante que lo analices fríamente, porque todo en nuestra vida es tiempo y es el activo más valioso que tenemos. Puede que estés muy joven o puede que no, pero al final todo esto de emprender requiere mucho tiempo y no del mismo tiempo que toma una jornada laboral, requiere muchísimo más tiempo y sacrificios.

¿Por qué quieres iniciar un negocio?

Tienes que ser muy honesto del porqué, y no te quedes nada más en la respuesta de decir que quieres tener dinero, eso es lo menos importante. Tienes que explorar una serie de preguntas para que puedas llegar al fondo del porqué quieres tener un negocio.

En mi experiencia personal, cuando yo me lo pregunté mi primer motivo fue que quería tener una estabilidad en el sentido profesional, y yo sabía que esto en un trabajo no lo iba a poder lograr porque a mí me gusta mucho crear y andar innovando cosa que en un trabajo no se me iba a permitir.

Otro motivo del porqué quería iniciar un negocio, era porque siempre me ha gustado estar con personas y siempre me ha gustado liderar gente, entonces a mí me encanta tener en las empresas colaboradores que vayan creciendo con nosotros, porque eso también me permite crecer a mí.

Otro punto también del porqué en su momento quise iniciar un negocio, fue porque yo tuve la experiencia de que mis papás nunca fueron empleados, ellos siempre fueron comerciantes, tuvieron una peletería, hacían pasteles, vendían chocolates y muchas otras cosas, entonces yo siempre en casa veía que ellos estaban emprendiendo o estaban vendiendo, además siempre en mi casa había mucha gente; esa parte de mi infancia a mí me gustó mucho y me ha motivado a tener un negocio propio.

También está la parte, y debo de aceptarlo, de que me gusta tener dinero, me gusta prepararme, me gusta tener cierto estilo de vida. Entonces cuando tú explores al momento en el que estás haciéndote está pregunta, te voy a pedir que no dejes de escribir.

Pon todas las cosas que se te ocurran, para que podamos llegar al verdadero punto de por qué quieres tener un negocio. Te dejo unas pocas líneas para que inicies a escribir la respuesta, pero espero te falten muchas más líneas y continúes escribiendo en otro lado.

Quiero iniciar un negocio porque…

_____

_____

_____

_____

_____

_____

_____

_____

_____

¿Tengo una mente emprendedora demostrada?

Aquí tienes que ver en tu pasado, en tu escuela o trabajo y en el momento que estás en tu vida, si realmente tienes una mente emprendedora. Por mente emprendedora, me refiero, a que si tienes la disciplina, si tienes los pensamientos correctos positivos de querer hacer algo para ti y tu familia, si de verdad estás pensando en grande o sólo estás pensando en chiquito, o quizás en algún momento de tu vida demostraste hacer un emprendimiento en el que hayas tenido éxito.

Te invito a que revises tu historia personal y explorares si realmente tienes una mente emprendedora demostrada, y que te ayude a iniciar y no dejar este proceso de tener tu propio negocio.

Yo considero que SI/NO tengo una mente emprendedora, porque...

_____

_____

_____

_____

_____

_____

_____

_____

_____

¿Tengo la energía para iniciar un negocio?

Por energía me refiero al tiempo, a que estés dispuesto a sacrificar muchas horas de tu tiempo de descanso para el negocio. Esto es algo que no les gusta mucho a los emprendedores, porque claro que nos gusta divertirnos, que nos gusta estar viendo la televisión, que nos gusta estar descansando o que nos gusta estar haciendo otras cosas.

Cuando está a punto de nacer un negocio, requiere muchísima energía de tu parte, por energía estamos hablando de todo le tiempo que vas a invertir para que tu negocio sea exitoso. Aquí vas a poner honestamente qué cosas vas a dejar y sacrificar para poderte enfocar en el negocio.

Sí tengo la energía de iniciar un negocio, y voy a dejar las siguientes cosas para enfocarme al negocio...

_____

_____

_____

_____

_____

_____

_____

_____

¿Tengo suficiente dinero para iniciar un negocio y mantener mi vida?

Esto es uno de los errores más típicos del emprendedor, de que está todo emocionado por emprender y hacerse exitoso y al final no tiene dinero. Si no tienes dinero para iniciar el negocio puedes fracasar, porque el dinero va a ser importante si ya contrataste gente a quien tienes que pagarle la nómina, tú también tienes que comer, pagar un alquiler. Tú tienes que ver cuánto dinero tienes para iniciar el negocio y poder seguir viviendo.

Si hoy no tienes dinero y estás trabajando, ve haciendo tu plan, ahorra buena parte de tu salario para que una vez que tengas un buen "colchón" puedas iniciar todo este proceso de emprender. No vayas a iniciar con muy poco dinero o sin dinero, porque al final te vas a frustrar y no vas a avanzar.

¿Tengo suficiente dinero para iniciar un negocio y mantener mi vida?

_____

_____

_____

_____

¿Tengo una pareja, amigos o familiares que me apoyan?

Es buscar en tu entorno más cercano, quién te apoya en que seas un emprendedor. Por ejemplo en mi caso mi pareja siempre me apoyó a que yo fuera emprendedora, él estaba trabajando pero siempre tuve todo su apoyo total para que yo fuera haciendo mis "pininos" en los negocios y fuera experimentando.

En ese momento él era mi novio, fue un impulso muy importante para que yo no desistiera o dejara de hacer lo que tanto deseaba.

Aquí tú vas a enlistar a todas esas personas con las que sí puedes contar. Si también te das cuenta que en tu red más cercana de personas, amigos, familia, no tienes personas que te vayan a apoyar; en ese caso vas a tener que ir explorando un poco fuera de la burbuja familiar, buscar en nuevos amigos, empresarios o algún maestro que te pueda apoyar.

Es importante contar con alguien que te apoye, cuando las cosas no estén avanzando como queremos y también cuando las cosas estén avanzando positivamente, tengamos gente a la que podamos contarle y compartir nuestras alegrías.

Las personas que me apoyan para mi emprendimiento son...

_____

_____

_____

_____

_____

_____

_____

_____

¿Cuánto tiempo puedo aguantar sin tener ingresos?

Con la palabra *aguantar*, me refiero que si tienes un ahorro e inicias el proceso de emprender, cuánto tiempo te va a durar ese ahorro. Tienes que ser bien honesto con las cuentas, sobre tu nivel de vida, los gastos que consideres sean los iniciales, para que no te vayas a frustrar. También en esta parte se vale, que si te das cuenta que no tienes el dinero suficiente o te va a durar muy pocas semanas, comiences a pensar en una fuente de financiamiento que te dé ese ingreso que te permita estar tranquilo.

En esta carrera emprendedora, tener el dinero te va a permitir estar enfocado en el negocio. *¿Cuánto tiempo puedo aguantar sin ingresos?*_____.

¿Qué tanto conozco de la industria o negocio al que quiero entrar?

Revisa si de verdad tienes la información o solamente es una idea "fugaz" que se te ocurrió de un día para otro. Tienes idea de qué exige el mercado, de cómo operan los mercados, qué competidores hay. Si lo sabes perfecto y si no tienes que INFORMATE, nunca está de más conocer sobre el mercado al que quieres penetrar.

Si en este momento de plano no conoces nada, pon eso en tu respuesta. Más adelante vamos a darte una tarea donde tienes que conocer esta información.

Lo que conozco sobre la industria o negocio al que quiero entrar es...

_____

_____

_____

_____

_____

_____

_____

_____

_____

_____

¿Qué necesito aprender rápido de la industria o del negocio?

Hay industrias que requieren de ciertos procesos especializados para ser exitoso. Si éste fuera tu caso eso lo tienes que aprender súper rápido, para que empieces inmediatamente a tener clientes. O si tienes que aprender inglés o cualquier otro idioma o tienes que aprender a hacer un sitio web.

Tú tienes que ver TODO lo que se tiene que ir haciendo en el negocio, y lo que puedas hacer y te guste también lo hagas, eso te va a permitir ahorrar dinero.

Las cosas que tengo que aprender rápido son…

_____

_____

_____

_____

_____

_____

_____

_____

¿Existe una alta demanda y crecimiento DEMOSTRADO de mi producto o servicio?

El mercado al que quieres venderle tu producto o servicio, realmente está demandando lo que tú vas a ofrecer. Porque muchas veces creemos dentro de nuestra burbuja, que es un súper producto o servicio, pero ya cuando empiezas a investigar te das cuenta de que hay muchísimos competidores y que te vas a meter a una guerra de gigantes y no vas a poder ser tan exitoso.

Estos datos son bien importantes tenerlos ANTES de iniciar, por si llegas a darte cuenta que es un mercado muy maduro, que tiene muchos competidores, aproveches para hacer algo diferente o innoves sobre lo mismo para que reenamores a ese mercado que ya conoce el producto o el servicio.

Mi producto o servicio SI/NO tiene una alta demanda y oportunidad de crecimiento. Si tu respuesta es no, *¿qué vas a hacer al respecto?*

_____

_____

_____

_____

_____

_____

_____

_____

¿Cómo lo que pienso hacer es muy diferente de como lo hacen mis competidores?

No te permitas salir con lo mismo que los demás competidores están ofertando al mercado. Ponle un plus, algo más que lo haga sobresalir, sea en el empaque, en los beneficios que le vas a dar a ese cliente, en los procesos o la en la información que le vas a dar.

El punto es que te pongas el reto de no hacer o salir con un servicio o producto idéntico a tus competidores, para poder ser exitoso. Al final, si haces lo mismo vas a terminar repartiéndote rebanadas del mismo pastel de ese mercado, del que todos están comiendo. Sube el reto y agrega un valor extra, para que tengas un diferencial que te permita cautivar y enamorar a ese mercado.

Si lo decides hacer te va a permitir robar mercado de los competidores que están haciendo lo mismo.

Lo que haré diferente a los competidores es...

_____

_____

_____

_____

_____

_____

_____

_____

¿Exactamente qué le interesa al cliente o qué problemas necesita que le sean resueltos?

Muchas veces queremos sacar el producto o el servicio pero no conocemos que *exactamente* hay en la mente de los clientes. Es muy importante que te entrevistes con ese mercado, que le preguntes, que valides si realmente lo que tú piensas y que les vas a dar va satisfacer una necesidad; si no haces esto no vas a satisfacer una necesidad, y este mercado no verá atractivo lo que le estás ofreciendo.

Las cosas que le interesan al cliente o las que espera que sean resueltas son...

_____

_____

_____

_____

_____

_____

_____

_____

_____

_____

¿Tengo las habilidades y destrezas para empezar y mantener un negocio en emprendimiento?

Aquí considera si tienes la capacidad de dirigir gente, si tienes la capacidad de estar en la operación, si tienes la capacidad de dar seguimiento, si tienes la capacidad de estar viendo clientes o mercado, no lo vas a poder hacer todo solo. Tienes que identificar exactamente, qué habilidades o destrezas son las más fuertes en el negocio y que te puedas enfocar a eso.

Donde encuentres debilidades o áreas de oportunidad, ahí tendrás que buscar personas que te ayuden para que al final todas las destrezas y habilidades que requieren un negocio de este tipo, estén cubiertas.

SI/NO tengo habilidades y destrezas para mantener un negocio. Esas habilidades y destrezas son...

_____

_____

_____

_____

_____

_____

_____

_____

_____

Historia de Éxito e Inspiración

Esta Historia de Éxito tú la vas a seleccionar. Elige al personaje que más te inspire y por qué lo hace. Te dejo unas líneas para que pongas lo que más te sorprende de este personaje y puedas leerlo cuando necesites motivación.

(Nombre)_____:

_____

_____

_____

_____

_____

_____

_____

_____

_____

_____

_____

_____

_____

_____

_____

_____

Claves para Ser Tu Jefe En 6 Meses

En este capítulo pudimos analizar nuestras posibilidades antes de iniciar el camino al emprendimiento. Por favor sé muy honesto contigo mismo con las preguntas, te ayudarán a saber cómo estás y qué tanta energía, dinero, motivación y ganas eres capaz de dedicar.

Parafraseando a Carlos Kasuga (fundador de Yakult México), iniciar un negocio o compañía es parecido a tener un bebé, al inicio tendrás que dedicarle mucho, por no decir todo, de tu tiempo, dinero y fuerza. Por eso es importante que si te encuentres preparado a todo lo que va a venir. Y ya que estés convencido, NO TE DETENGAS ¡Puedes Hacerlo!.

CAPÍTULO III

Piensa como Dueño

"Si quieres construir un barco, no empieces por buscar madera, cortar tablas o distribuir el trabajo. Evoca primero en los hombres y mujeres el anhelo del mar libre y ancho."

—Antoine de Saint-Exupery, escritor francés famoso por su cuento El Pricnicpito

El tener un pensamiento ambicioso y positivo de empresario y dueño de tu negocio es la clave desde el inicio, en otras palabras tienes que creértela para que te comportes y proyectes desde el inicio como una persona exitosa. El Éxito inicia en la mente, y después gracias a tu acción, disciplina y determinación se manifiesta.

Nosotros siempre estamos a favor de que México tenga más emprendimientos exitosos que se conviertan en negocios de alto impacto, así que te voy a compartir algunos detonadores importantes que te permitirán visualizar de manera ordenada escenarios ideales para tu futuro.

Visualiza tu negocio

¿Qué negocio quieres tener? ¿cuál es el negocio ideal que quieres para brindar excelentes servicios y productos a tus clientes? ¿qué tipo de colaboradores quieres que sean parte del negocio? ¿en que mercados o sectores quieres posicionar tu producto o servicio? ¿cómo son tus procesos internos, como operan, como funcionan? ¿qué dicen tus clientes de tus productos o servicios? ¿cómo se expresan tus colabores de su trabajo y empresa?

Es importante cuestionarte estas preguntas y algunas otras para identificar todo lo que tienes que hacer para asegurar que se convierta en realidad.

Te dejo un espacio para responder, si sientes que es muy poco puedes escribir tu respuesta en una libreta. Lo importante aquí es que tengas una clara visualización de cómo quieres que sea tu negocio

Visualización de mi negocio:

_____

_____

_____

_____

_____

_____

_____

_____

_____

_____

_____

_____

_____

_____

_____

_____

Visualiza la expansión de tu negocio

La condición natural de cualquier empresa o negocio es la expansión continua, así como el universo siempre hay un cambio constante para garantizar la expansión.

Vamos a ser honestos y pregúntate ¿cómo visualizas tu negocio? ¿A qué mercados te gustaría llegar? ¿Qué nivel de ventas quieres tener? ¿por qué quieres que tu negocio en el futuro siga creciendo?

Toda gran empresa comienza con la visión del fundador, una visión ambiciosa que día a día tiene en el tope de la mente, y le impulsa y motiva a trabajar para que suceda, por eso es súper importante que desde el inicio tengas estos datos en la mente.

Ahora aquí escribe sobre la expansión que quieres para tu negocio. Entre más clara tengas la idea más fácil te será alcanzarla.

_____

_____

_____

_____

_____

_____

_____

_____

_____

_____

_____

_____

_____

_____

_____

_____

_____

Visualiza el perfeccionamiento de las operaciones de tu negocio

Para que se dé la expansión y el crecimiento de cualquier negocio se requiere el perfeccionamiento de todas tus operaciones, tanto operativas como administrativas, ya que si tu aseguras la perfección en tus procesos, con actividades o procedimientos simples, agiles, eficientes sin duda tendrás controlados tus costos y tu empresa o negocio podrá generar utilidades que te permitirán cuando sea necesario la expansión y crecimiento, es por eso que desde el inicio tienes que pensar en eficiencia, excelencia y sobre todo asegurar que tu organización tenga una cultura de hacer las cosas bien y a la primera y sino salen como se espera, pues entonces tienes que implementar mejoras de raíz que eliminen los problemas.

¿Qué tipo de personal va a entrar a tu negocio?

Es muy importante que desde el inicio, aunque todavía no tengas el dinero ya debes de estar pensando en qué perfiles son los que vas a contratar. También qué características, qué habilidades y valores deben de tener esas personas para que conforme se vayan integrando te permitan consolidar el negocio y que **tú no te vuelvas un colaborador** sino que estés en tu posición de dueño.

Al terminar el capítulo, tú vas a hacer un ejercicio de visualizar cómo estará tu negocio en 10 años. Y por visualizar, me refiero a que pongas imágenes, que seas muy descriptivo, a que realmente te imagines qué negocio quieres.

Nuestro cerebro piensa en imágenes y si siempre hay una imagen en tu mente del negocio que quieres, al final y con tu continua acción va a suceder.

Me acuerdo cuando nosotros decidimos emprender en nuestro primer negocio, nosotros (mi esposo y yo) definimos muy bien qué tipo de negocio queríamos, a qué mercados queríamos atender, qué estilo de vida queríamos, si íbamos a viajar mucho o poco; esto lo empezamos hace 11 años y hoy gracias al haber tenido esa visualización nos permitió ir siguiendo cada uno de los pasos para que al final hiciéramos realidad esa visión.

El negocio debe darte para que mantengas y expandas tu plan de vida

Tú debes de visualizar que tu negocio sea rentable desde el inicio, y además te debe de dar dinero para que mantengas el negocio, también debe darte dinero para que mantengas tu estilo de vida y conforme vayas avanzando puedas incrementar o exceder ese estilo de vida, es decir, que te puedas dar otros lujos a los que hoy no tienes acceso.

Es importante que en tu mentalidad y que en todas las acciones que pongas al inicio para estructurar tu negocio, no pienses que el negocio te va a dar nada más para comer o sobrevivir sino que te debes de poner el reto de que año con año tus utilidades tienen que ir creciendo, año con año tus ventas se tienen que ir incrementando para que puedas tener colaboradores que tengan buenos sueldos, que tú tengas un estilo de vida alto y claro que tengas dinero para seguir invirtiendo en el negocio.

Es muy importante visualizar todo esto desde el inicio, te lo digo porque he conocido muchos empresarios que nunca se visualizaron y hoy tienen en la mente el paradigma de "empresa pobre, empresario rico". Ellos no creen que tienen que darle dinero al negocio para que siga creciendo, no invierten en herramientas o infraestructura simplemente dejan que los colaboradores trabajen como puedan y ellos sólo se encargan de "ordeñar" al negocio; pero su negocio está careciendo y al paso del tiempo se va a derrumbar y se va a morir.

Desde el inicio visualiza que vas a tener dinero para mantener el negocio, para invertirle al negocio y después para mejorar tu estilo de vida.

Relaciónate con dueños de negocios para que te ilustren

Esto de relacionarse con grandes dueños, es para que te compartan y te ilustren con las experiencias que han vivido.

A mí una idea que me gusta mucho, es que te puedas inscribir a alguna cámara o asociación que tenga que ver con tu negocio para que te relaciones con personas similares, que hagas amistades y puedan compartir de cómo está el mercado, cómo se pueden ayudar entre ustedes mismos o cómo pueden consolidar algún otro negocios juntos.

Es esencial estar expandiendo nuestras redes de negocios, hacer el "networking" con cualquier persona exitosa, y sobretodo el punto es que hagas relaciones con dueños, con empresarios que hayan demostrado tener éxito para que puedas estar a su nivel y también puedas aprender de ellos.

No dejes esto de lado, es algo que resalto mucho y te lo comento, al final todos estos dueños exitosos pueden convertirse en tus mentores que te ayuden a tener más éxito.

Historia de Éxito

El Oracle de Larry Ellison:

Pasó por una adolescencia complicada y más al enterarse fue adoptado, viviendo con su padre adoptivo que le solía saludar con la frase: **"nunca llegarás a nada"**. Después de pasar por algunos trabajos esporádicos empezó a destacar en la empresa Precision Instrument que se dedicaba a el almacenamiento y recuperación de información.

En 1970 Larry **leyó un artículo que cambiaría su vida**, era de un investigador de IBM sobre el almacenamiento de datos en grandes tablas. Eso permitiría procesar la información para ser utilizable.

Al inicio de Oracle, en el 1983, se **creó para satisfacer una necesidad** de software para Permision Instrument. Larry y sus socios desarrollaron un lenguaje que lo llamarían SQL (lenguaje de consulta estructurada). Este lenguaje es el que hizo millonario a Larry.

Fue entonces cuando crearon el 1er producto que se llamaría Oracle y que permitiría a las empresas recuperar datos basándose en cualquier parámetro. Como 1er cliente ya tuvieron a la CIA que pagó 50.000$ por aquel software. La gran clave de todo esto es que **comercializaron este lenguaje y software para empresas ¡3 años antes que IBM!**

Mucho de su éxito ha sido gracias a la toma de grandes riesgos. Uno de ellos era contratar gente sin preparación para sus puestos a la que sólo entrenaba usando **¡Manuales y libros!**. Hoy Larry es una de las personas más ricas del mundo, su fortuna personal se estima aproximadamente en los 50 mil millones de dólares.

Claves para Ser Tu Jefe En 6 Meses

Haz la actividad de visualizarte muy bien en el futuro, para que siempre tengas una idea muy clara en tu mente del negocio que quieres y que vas a tener.

CAPÍTULO IV

Compórtate como Dueño

"Llamarse jefe para no serlo, es el colmo de la miseria"

–Simón Bolívar, militar y político que ayudó a dar independencia a Bolivia, Colombia, Ecuador, Panamá, Perú y Venezuela.

En este capítulo vamos a seguir visualizando el futuro: te vas a visualizar siendo ya el dueño de tu negocio. Desde el inicio te tienes que comportar como el dueño, ya dijimos que tú no vas a ser un empleado de tu propio negocio.

¡Ojo! No me vayas a mal interpretar, no porque seas el dueño significa que no vas a trabajar, que sólo vas a mandar y que todos harán las cosas por ti. A eso no me refiero a que seas dueño; me refiero a que seas un verdadero dueño, que estás dispuesto a hacer crecer y llevar al éxito tu negocio.

Inscríbete a todos los cursos que puedas para manejar un negocio

Es muy importante que tengas una preparación continua, porque posiblemente lo que viste en tu maestría o en la escuela no te vaya a servir de mucho. En este mundo tan acelerado la información se vuelve obsoleta en cualquier momento, ahora con mayor razón vas a necesitar una preparación si el negocio que vas a iniciar nada tiene que ver con lo que estudiaste o conoces.

Métete a todo los cursos que puedas, para el manejo de negocios, ya sea que los hagas en conferencias, o en expos. Muchas veces hay expos gratuitas, sólo requieren la inversión de tu tiempo, pero podrás aprender mucho de las conferencias o talleres. Si tienes el dinero por favor no escatimes en tu preparación continua, inscríbete.

A mí me gusta mucho recomendar la parte de los diplomados, seminarios y cualquier clase de curso rápido, que te dan la información muy precisa y que además necesitas para que tu preparación vaya creciendo y sea actual.

Haz networking con otros dueños exitosos y experimentados

Este "networking" lo podrás hacer en los mismos cursos, talleres, diplomados, seminarios o lo que sea que tomes para prepararte. Esto te va a motivar mucho a no sentirte solo en el camino.

Siempre que conozcas a este tipo de personas, pídeles sus tarjetas y también ofréceles tus tarjetas de presentación y sobretodo asegúrate de estar en contacto con ellos.

Yo por ejemplo, tengo la fortuna de tener clientes que son dueños de negocios muy exitosos, y me tomo un café al mes con varios de ellos; en esas reuniones de café nos tomamos dos horas y platicamos sobre los problemas que tiene cada uno o los nuevos retos que se vayan presentando o nos damos consejos y compartimos experiencias. Es algo muy enriquecedor tener este tipo de aliados estratégicos y que sean exitosos, porque al final van a poder ayudarte y motivar a seguir adelante.

Por supuesto que estos dueños son muy exitosos, venden millones en sus compañías, pero *no dejan de ser personas como tú* y como yo. Cuando nos juntamos con ellos es muy bonito, porque hasta con más de uno de ellos hemos explorado la opción de hacer un negocio juntos.

Entonces no dejes de lado poder hacer estas relaciones, aún cuando apenas vayas empezando y no tengas tanto dinero; te darás cuenta que una vez que inicias estas relaciones lo que menos importa es el dinero, lo que más valoran en este tipo de reuniones es el compartir y ayudarse mutuamente.

Debes de tener un sentido de urgencia en todas tus actividades

Te tienes que visualizar como un dueño ocupado, donde tienes una lista de actividades priorizadas y muy enfocadas. Una lista donde no se pierde el tiempo en estupideces, ni en cosas que no le van a traer nada positivo al negocio.

Debes de ser muy cuidadoso con tu tiempo y que este sentido de urgencia que tú tienes en que sucedan tus actividades, también debes de compartírselo a tus colaboradores para que se vuelva en cultura organizacional.

Debes asegurar que ganes dinero y no pierdas ese dinero a lo tonto

Ya hemos comentado que las primeras ganancias del negocio, **deben de ser para reinvertirlas** y no para que te las gastes, ni para que mejores tu estilo de vida.

Si el negocio te lo está dando y fue un súper ¡Bum! Que te hizo archimillonario desde el inicio, pues adelante haz lo que quieras con el dinero. Pero si tu caso es mucho más modesto vas a tener que ser muy cuidadoso con ese dinero, para que pueda seguir creciendo tu negocio, no comprometas tu futuro por el presente.

Yo recuerdo, que nosotros fuimos invirtiendo y reinvirtiendo, mientras también hacíamos un "colchón" de ahorros y en ese entonces nos llegó un proyecto muy grande que conseguimos hacer gracias a ese ahorro; si no hubiéramos tenido ese ahorro, ese proyecto nunca hubiera podido ser de nosotros y no hubiéramos podido crecer tanto.

De ahí la importancia de saber en dónde vas a ir invirtiendo tu dinero y hacer tu ahorro.

Me gusta mucho conocer varios dueños de negocios que siempre piden descuentos, buscan los mejores plazos de pago, siempre cuidan su dinero. Ese tipo de comportamiento a mi me gusta, porque veo que les ha dado resultado. Te invito a que tomes estos comportamientos y actitudes con el dinero; recuerda que no por tener dinero te lo vas a tener que gastar.

Programa tus actividades, priorízalas y llévalas a cabo

Siempre lleva una agenda, asegúrate de ser una persona cuidadosa con su tiempo, una persona que se levanta temprano, que cumple con sus actividades personales y de trabajo y siempre tiene un programa muy definido de actividades priorizadas y tiene la disciplina de que eso suceda.

Si tú lo haces lo vas a transmitir a las personas que trabajan contigo y siempre van a cumplirse las cosas en tiempo y forma.

Ten una oficina dentro de tus posibilidades

Una oficina en donde puedas trabajar fuera de tu casa y sin interrupciones. ¡Piensa como un dueño! Un dueño llega a su oficina en su negocio, un dueño no está trabajando arriba de la cama, sube ese estándar y compórtate como un dueño; siempre en la medida de tus posibilidades, a veces en las universidades hay cubículos que te pueden prestar, donde ya puedes ir llamándole "mi oficina" porque está alejado de cualquier interrupción.

Piensa como dueño y asegúrate de tener un lugar digno, para que puedas crecer y enfocarte a todo tu plan de trabajo para que tu empresa sea exitosa.

Evita la postergación de actividades y resultados

Compórtate como un *dueño alemán*, porque los dueños alemanes y los ingleses son súper estrictos en cumplir en tiempo y forma las actividades, nunca llegan tarde a una cita, ni tampoco se retrasan entregando algún reporte o trabajo que se les haya encargado.

Tú debes aspirar a ser ese tipo de dueño, el que siempre cumple lo que promete y el que siempre hace que todas las actividades o resultados que se le piden sucedan y también lo que pide a su gente se debe de entregar en el tiempo justo a tiempo.

¡Prepárate a trabajar!

Cuando está naciendo un negocio, un dueño no va a tener el horario de uno de sus colaboradores de 30 o 40 horas semanales, un dueño tiene jornadas de 60 a 70 horas semanales.

Toma muy en cuenta esto, cuando digo de 60 a 70 horas semanales, estoy hablando de horas de trabajo sin distracciones. Tu negocio o tu proyecto está naciendo, entonces requiere tiempo y se le tiene que invertir; sino le estás dedicando el tiempo necesario, te va a tomar mucho más tiempo a que se lleve al éxito.

Si tú desde el inicio eres consciente y piensas de esa manera, en la que sabes que tienes que dedicarte y enfocarte, lo vas a conseguir de una manera natural porque todo eso que siembres ahorita lo vas a cosechar.

Recuerdo que nosotros, durante 5 años trabajábamos de lunes a domingo con jornadas de 12 hasta 14 horas. Porque necesitábamos proyectos y esos proyectos nos hacían trabajar hasta dos turnos, y no podíamos dejarlos ir porque necesitábamos el dinero para capitalizarnos, todo porque teníamos el sueño y la visión de llevar al éxito esa empresa que iba iniciando.

De verdad prepárate para trabajar, y no le temas al trabajo. El trabajo es algo muy bueno, que al inicio es cuando será más necesario.

Consíguete asesores o "padrinos" que te ayuden a "tocar base"

Esto de los "padrinos", mentores, asesores o como les quieras llamar, son reuniones que puedes tener una vez al mes con personas de tu confianza, que sea importante y que haya demostrado ser exitosa o exitoso, eso es súper importante y aquí puede que tú definas un esquema o en ocasiones ellos ya tienen un esquema definido e inician haciéndote preguntas.

El propósito es que el tiempo que pases con ellos, te ayude a seguir adelante. Es muy importante la parte de *tocar base* porque esta clase de cosas no se pueden hacer con amigos o familia que no sepa del tema y que nada más te van a "echar porras".

El *tocar base* se refiere a que una persona ajena a tu entorno, que haya demostrado ser exitosa, te va a ayudar a retarte y a identificar qué estás haciendo bien y qué estás haciendo mal, para que tú puedas poner acciones que te permitan seguir avanzando.

Investiga en tu ciudad de asociaciones o cámaras que tengan incubadoras o redes que apoyan emprendedores, ellos ya tienen mentores donde se asigna un tiempo a los emprendedores para que puedan asesorar. No todo es dinero, hay muchas opciones pero tú tienes que investigar para que sepas qué tienes a tu alcance.. Si tú tienes este tipo de padrinos o mentores, tu mentalidad de dueño se va a ir desarrollando, porque ellos van a estarte compartiendo sus experiencias y tácticas en las platicas que tengan contigo.

No aceptes ningún tipo de excusas

Los negocios se hacen por resultados, no por excusas. Esto es para ti y para los que vayan a trabajar contigo; un negocio que esté lleno de excusas y justificaciones, al final va a ser un negocio mediocre que no va a avanzar y que no va a poder manejar un nivel de exigencia.

Todos los negocios exitosos, por ejemplo Apple de Steve Jobs, llegaron al éxito gracias a que su líder era una persona que exigía pero no exigía sólo cumplimientos, exigía RESULTADOS EXTRAORDINARIOS.

Historia de Éxito

Rosalía Mera, la mujer más rica de España:

Hija de una familia muy humilde del barrio coruñés de Monte Alto, a los 11 años dejó los estudios para hacerse costurera. **Comenzó diseñando ropa de trabajo** en casa junto a su entonces marido, Amancio Ortega Gaona.

En 1962 creó, con los hermanos Ortega y otra socia, la empresa GOA, embrión de lo que luego sería Zara, una **pequeña tienda de batas** de boatiné.

Junto con su esposo (en aquel momento) **convirtieron su pequeño negocio en la multinacional Inditex** (propietaria de varias marcas como Zara, Zara Home, Stradivarius, Massimo Dutti, entre otras), la corporación más importante de España con una cifra de negocios multimillonaria. Llegando a ser **la mujer más rica de España.**

Utilizó su patrimonio personal para financiar la investigación de las llamadas Enfermedades Raras invirtiendo en investigación de biomedicina molecular. Gracias a esto **han salido a la luz investigaciones** sobre la enfermedad del Alzheimer entre otras y medicamentos novedosos en torno a este tipo de enfermedades.

Claves para Ser Tu Jefe En 6 Meses

Te invito a que tengas esta mentalidad de Dueño, de realmente exigirte a ti mismo para que puedas exigirle a los demás y al final tengas un negocio exitoso.

Ten en cuenta que somos lo que pensamos, y si desde el inicio tienes la mentalidad de ser un dueño comprometido, ordenado y disciplinado, va a ser sólo cuestión de tiempo para que tu negocio llegue a tener éxito. No tengas miedo de relacionarte con nuevas personas, conocer personas con antecedentes de éxito te servirá de inspiración y además podrás compartir con ellos tus experiencias y ellos podrán contarte de las suyas.

CAPÍTULO V

Crea Estabilidad Financiera

"No puedes escapar de la responsabilidad de mañana evadiéndola hoy".

–Abraham Lincoln, 16° presidente de EUA abolió la esclavitud de su país.

En este capítulo vamos a sentar las bases para que puedas tener una estabilidad financiera, que es de suma importancia en el camino al emprendimiento. Desde el inicio acostúmbrate a seguir estas indicaciones, e independientemente de que a tu negocio le esté yendo espectacularmente en la parte financiera, ¡No te gastes todo ese dinero!

Siempre tienes que seguir este tipo de recomendaciones para no verte en aprietos.

Elimina las deudas personales

Si hoy tienes deudas en alguna tarjeta, en la escuela, con el carro o algo que estés debiendo, te invito a que hagas un plan para que de alguna manera elimines esas deudas personales. Si tú como emprendedor, desde el inicio del negocio tienes deudas personales al final vas a estar más preocupado por pagar esas deudas personales, que por llevar al éxito el negocio. Esas deudas se van a volver un distractor de tu tiempo y energía, por eso te invito a que hagas un plan financiero (en caso de que no lo tengas), para que elimines todas esas deudas personales.

Sal del buró de crédito

Actualmente todos los bancos por tener muchas deudas en las tarjetas o por no pagar a tiempo, te mandan al buró de crédito. Si es tu caso que estás ya ahí o estás a punto de irte a buró de crédito, mejor intenta conseguir dinero y pagarlo.

En este momento puede que no te importe irte al buró de crédito, pero en realidad sí importa esto, porque si tu negocio va creciendo y te tomas muy en serio esta parte de emprender (que espero así sea), va a llegar un momento en el que puedes necesitar algún crédito con algún banco o institución, y al final si tú tienes esta etiqueta que dice que estás en buró de crédito no van a considerarte como apto para que te den el préstamo.

Haz algo para que no llegues y si ya estás ahí haz algo para salir. Tenemos que prever mucho para el futuro, puede que en este momento no le veas gran importancia a las deudas, pero si no haces algo por salir vas a tener muchos más problemas en el futuro.

Tengo que decirte que muchas personas no se deciden nunca por salir de ahí, y no logran ser exitosos ni en su negocio, ni en su vida.

Establece un presupuesto de gastos

Siempre manéjate por presupuestos, desde el inicio establece un presupuesto para tus gastos del negocio y personales. Es lamentable que nunca nos enseñen en la escuela a manejarnos a través de presupuestos y cuando ya somos mayores, empezamos a gastar más de lo que ganamos y se vuelve un problema muy difícil.

No tiene nada de malo que te conviertas en una persona administrada y que tiene un presupuesto de gastos.

Hace tiempo estábamos asesorando a un empresario con su familia, muy importantes y que ganan muchísimo dinero. Lo que se nos hizo muy alarmante ya que tienen hijos de 18-20 años pero no tenían un presupuesto en la familia, todo el mundo gastaba sin saber cuánto se gastaba en la familia, ni en el negocio. Simplemente sacaban dinero del negocio y la familia disfrutaba de ese dinero.

Cuando les pusimos el reto de que supieran cuánto es lo que gastan en la familia, se volvió un caos porque no tenían idea de esto. Actualmente les ha costado mucho alinearse a un presupuesto, porque no tenían el hábito de tener presupuesto para la familia y el negocio.

Gasta por debajo de tus medios

Esto aplica para todo el mundo, seas emprendedor joven o un adulto o una persona mayor. Siempre asegúrate de gastar por debajo de tus medios, esto yo lo aprendí de mis papás y soy la mujer más feliz porque no tengo deudas. Mis papás siempre me enseñaron a gastar por debajo de mis medios, a ahorrar, a buscar el mejor precio antes de comprar algo, a no despilfarrar el dinero.

No hay mayor estabilidad que pueda tener una persona que sea el no deber. No te metas a adquirir ese hábito, de gastar más de lo que ganas, al contrario siempre gasta por debajo de lo que ganas y destina una parte al ahorro. Esto te dará mucha salud y estabilidad financiera, y a la vez estabilidad emocional y física porque vas a estar tranquilo y sin estrés.

Ten una reserva de efectivo

Hay muchas organizaciones a las que les puedes solicitar que de tu nómina te bajen un 10% que se destina al ahorro. Esto es una muy buena práctica porque se va reservando esa parte de tu sueldo para alguna emergencia;

por emergencia quiero decir algo que sea verdaderamente una emergencia, mientras tanto NO SE TOCA ese dinero.

Conforme vayas teniendo más dinero, puedes colocar otra parte en algún fondo que te genere un interés o algo que te gane un poquito más, pero siempre asegúrate de tener esa reserva de efectivo.

Haz un presupuesto de todo lo que gastarás a detalle

Si no estás acostumbrado a esto, puedes hacer un presupuesto a detalle de lo que gastaste en una semana. Para que te des cuenta si es necesario que lo estés gastando de esa manera o si ya estás encaminándote a gastar más de lo que ganas.

Es mucho mejor irse haciendo de este hábito cuando estamos jóvenes, para enseñarnos a manejar con el dinero que realmente se necesita gastar.

Por ejemplo, cuando yo salgo no cargo más de $500 o $1000 dependiendo la situación, pero no acostumbro cargar más dinero. Y si ya se me acabó el dinero, ya no compro.

No gastes en estupideces

Este hábito va ligado con el punto anterior. Hay muchas veces que no necesitas las cosas, y es ya hasta que las ves en tu casa que te arrepientes por haberlo comprado, esos son *gastos estúpidos*.

Tú tienes que alinearte a lo que realmente necesitas y más en este camino de emprender, recuerda que debes de tener dinero para solventar los primeros meses del negocio; si tú no tienes este hábito y sigues gastando de la misma manera, el negocio no va a tener raíces para crecer.

Crea buenas relaciones con los bancos

Si hoy no tienes tarjeta de crédito, sería bueno que comenzaras a tener un historial crediticio pero no saques la tarjeta para empezar a gastar y a deber. Ten una tarjeta de crédito guardada para algún momento, también empieza a comprar ciertas cosas y que al mes las pagues para que también generes el hábito de comprar y pagar.

Conoce cómo es la relación de un negocio con el banco

A lo mejor ahorita no necesitas un crédito o un préstamo, pero tarde que temprano va a ser probable que lo vayas a necesitar. Date la oportunidad, de vez en cuando, de ir al banco a preguntar sobre qué intereses, cómo se maneja, qué necesitas, así irás conociendo y generando opciones y cuando se necesite tú ya estés preparado.

Hay una cosa muy importante en los bancos, y es que muchas veces te piden un historial crediticio, aquí es donde entra la importancia de tener una tarjeta bien manejada que te permita cumplir con este requisito.

Te comento esto, porque me pasó ver el caso de una chica que quería comprar un auto de agencia, ya tenía el dinero para dar el enganche, pero resultó que le pedían que tuviera una tarjeta de crédito cosa que jamás había tenido. Por eso, tuvo que retrasar la comprar de su carro, por tener que sacar una tarjeta, empezar a hacer su historial para ya después si poder comprar su carro.

Historia de Éxito

Los hermanos McDonald:

Richard y Maurice McDonald, hijos de padres irlandeses que inmigraron a New Hampshire, donde su papá trabajaba como jefe en turno de una planta de zapatos.

A finales de la década de 1920, los hermanos McDonald se movieron a California, pusieron cerca de la carretera, un carrito de hot-dogs (no había hamburguesas al inicio). **Era un típico drive-in**, donde los coches se estacionaban y eran atendidos por carhops (meseros que van a los automóviles a tomar la orden)

En 1940 cerraron el puesto de hot-dogs y abrieron un restaurant de hamburguesas en San Bernardino. Fue hasta 1953 cuando los hermanos **comenzaron hacer franquicia su negocio**, empezando primero por el sistema, y hasta después hicieron franquicia de todo el concepto.

Fue en 1954 que Ray Kroc se asoció con los hermanos McDonald y sugirió patentaran su receta. A partir de 1956 y durante tres años, la cadena creció muy lento. En 1958 eran sólo 34 restaurants, pero tan sólo **un año después y con la ambición** de Kroc ya habían logrado abrir 102.

Acualmetne McDonald's **es la cadena de hamburguesas más grande del mundo**, atendiendo diariamente 68 millones de clientes a lo largo de 119 países y 35,000 restaurants.

Claves para Ser Tu Jefe En 6 Meses

Haz tus dos presupuestos tanto personal como de tu negocio, para que te vayas dando una idea de todo lo que se necesita para vivir financieramente sano y no vayas a gastar más de lo que ganas. También no se te olvide destinar una parte al ahorro, para cualquier emergencia.

Para todo en la vida se necesita tener buenas relaciones, y una buena relación sin duda es con los bancos, un buen historial crediticio. Para comenzar puedes sacar una tarjeta de crédito, pero úsala de manera muy prudente para evitar que te vayas al buró de crédito. Tener estabilidad financiera, te traerá estabilidad en más aspectos de tu vida.

CAPÍTULO VI

Cinco meses antes – Crea tu modelo de negocio

"Es mejor llevar todas tus herramientas, porque corres el riesgo de encontrarte con algo que no esperabas y dejar todo a medias"

–Stephen King, escritor estadounidense conocido por sus novelas de terror.

¡Ahora sí, manos a la obra! Vamos a abordar todo lo que es necesario 5 meses antes de que abras ese negocio. En los siguientes capítulos vamos a ir explorando y explicando los puntos más importantes para la realización de tu negocio. Es importante que te vayas preparando con un plan de acción muy definido y no dejes de lado ningún punto.

Es muy importante que seas honesto, con las siguientes preguntas. Recuerda que no basta con tengas la idea de que tu producto o servicio, va a ser muy exitoso; lo que tienes que hacer es demostrar que efectivamente lo será y para eso se necesita información y datos. Necesitas contrastar lo que hay en tu mente con la información que consigas, ver si hace falta algo y poner de inmediato acción para corregirlo; para que podamos tener todos los elementos muy bien amarrados y poder hacer en una realidad el convertirnos en nuestros propios jefes.

¿Existe una clara necesidad creciente en el mercado por tu producto o servicio?

Sobre esa idea, producto o servicio que finalmente vas a vender, tienes que saber si el mercado está requiriendo o demandando mucho ese producto o servicio, si el mercado está en crecimiento o está decreciendo.

Si notas que el mercado está decreciendo o el mercado es muy pequeño en esta parte que quieres hacer, sería preferible que mejor no te fueras por ese camino porque vas a volverte un competidor más sin tanta opción de crecimiento.

Tú vas explorar si en realidad existe una clara necesidad creciente en el mercado por tu producto o servicio.

¿Quiénes son tus competidores?

Para saber si hay o no una demanda de tu producto o servicio, tienes que investigar a los competidores. Vas a hacer un análisis de quiénes son tus competidores. Si anteriormente ya habías conseguido esta información, ahora con tu nuevo contexto y preparación te invito a que la vuelvas a revisar y actualices la investigación, en caso de que no tengas nada al respecto, es el momento de comenzar a trabajar en ello.

Aquí tienes que saber exactamente con quiénes vas a competir cuando saques al mercado tu producto o servicio.

¿Cuál es tu ventaja competitiva?

Tienes que identificar qué ventaja tiene tu producto o servicio sobre la competencia. Recuerda la *ley de la igualdad mata*, si sacas al mercado un producto o servicio muy parecido, por no decir que igual al de tus competidores no vas a llegar más que a pelearte por precios y clientes.

Si es más de lo mismo, el mercado al percibir esto te va a exigir más calidad y menor precio, pero al final todos están en un océano rojo de alta competencia. Yo aquí te invito a que describas claramente cuál va a ser esa ventaja competitiva que tu producto o servicio va a ofrecer.

Esto es para que el cliente lo entienda, pero también para que llegado el momento tú vayas creciendo y necesites de inversionistas puedas responder cuál es la ventaja competitiva que tu producto o servicio está ofreciendo.

Imagina que vas a escribir a un inversionista, por qué debería invertir en tu producto o servicio y no en el de la competencia. ¿Qué le dirías... ¿

_____

_____

_____

_____

_____

_____

_____

¿Qué tan difícil o caro será colocar mi producto o servicio en el mercado?

Tienes que ser muy transparente, no engañarte, ni mentirte. Qué tan difícil o caro va a ser, todo dependerá del producto o servicio, tú tienes que explorar por cuál canal de distribución va a llegar ese producto, si va ser algo que sólo va a ir por internet o solamente en presentación física, si vas a necesitar distribuirlo por una tienda departamental.

Desde ahorita tú tienes que saber cómo va a ser ese proceso, qué tan fácil, caro o difícil va a ser; no se vale que hagas esta investigación hasta que abras tu negocio y para colmo que te des cuenta que es un calvario llegar a ofertar ese producto o servicio.

Recalco 5 meses **antes**, tú tienes que saber esta información.

¿Mi producto o servicio es difícil de explicar?

A todos nos gusta comprar, pero a nadie nos gusta que nos vendan. Entonces si tu producto o servicio es muy complicado de que el mercado lo entienda vas a requerir de vendedores, de muchos recursos como publicidad, información en la web, redes sociales, etc.

Los productos o servicios más fáciles de vender, son aquellos de que no se necesitan explicar, aquellos que de ver la caja te atraen y lo compras.

Aquí vas a tener que responder si tu producto o servicio es fácil de vender, y si no lo es vas a tener que empezar a poner las acciones necesarias para que sea sencillo de entender.

A mí me ha tocado ser juez con emprendedores en universidades, y he visto productos que son muy buenos pero se toman ¡10 minutos en poder explicarlo!

No tiene que tomarte tanto tiempo explicarlo, tienen que ser cosas claras y si además identificas la propuesta diferencial que tu producto tiene, vas a poder explicarlo de manera fácil y sencilla.

En máximo 25 palabras explica qué es tu producto o servicio…

_____

_____

_____

_____

_____

_____

_____

_____

_____

¿Mi producto o servicio puede ser consumido o usado por miles o sólo por pocos?

Aquí es para que tú puedas visualizar, qué tan grande o pequeño va a ser tu negocio. Si tu producto va a las masas y puede ser consumido por casi cualquiera, realmente será muy exitoso porque tendrás mucho volumen de venta. También puede ser que tu producto vaya a unos cuantos y sea un producto de alta inversión. Tanto en una como en otra vas a necesitar hacer cosas diferentes, de acuerdo a lo que estés ofertando.

Por eso desde el inicio es muy bueno saber, si tu producto o servicio va enfocado a masas o a pocos.

¿Mi precio es competitivo, es alto o es bajo?

Ya identificado a quien va tu producto o servicio, tienes que ver cómo es el precio en relación a los competidores. Si ubicaste que vas un mercado de masas, preferiblemente tu producto debe de ser de bajo precio porque las masas quieren todo a bajo costo. Si es un producto muy específico, a lo mejor es un producto de alto costo.

Este análisis tú lo tienes que hacer en base a los competidores, y ver cómo está el precio que le estás poniendo a ese producto o servicio. Por supuesto, no se trata de inventar, debes de tener datos o ir a páginas webs o a los establecimientos de tus competidores para asegurarte que toda esta información es verdadera.

¿Cómo creo que llegaré a contactar al mercado?

Tienes que visualizar esto, muchas veces el emprendedor piensa que al abrir su establecimiento u oficina la gente va a llegar. La realidad es que así no suceden las cosas, tú desde el inicio tienes que saber cómo va a llegar ese mercado, ya sea por una página web, si te vas a anunciar en expos o ferias, si vas a hacer alguna red o asociación que te ayude a distribuir tu producto.

Toda esta información debe de estar clara, tienes que empezarte a cuestionar esto, para poder ir poniendo las acciones necesarias y cuides todos los aspectos y detalles posibles.

¿Mi negocio presenta oportunidades futuras de gran expansión o no?

De nuevo la pregunta, ¿tu negocio es algo que se puede convertir en una franquicia, te va a permitir tener más establecimientos o más oficinas?

Es una respuesta que se puede responder con un sí o un no. Si tu respuesta es sí ¡qué bien! Pero vas a tener que poner acciones para conseguirlo desde el inicio. Si la respuesta fue no, también se vale y está bien, pero lo que no se vale es que te quedes en tu negocio de una manera mediocre, te quedes chiquito y no mejores. Tú decide qué es lo que quieres de oportunidad en tu negocio.

Historia de Éxito

La historia de Adi Dassler

Panadero de origen, Adi Dassler **empezó a producir su propio calzado deportivo en la lavandería de su madre** después de su vuelta de la Primera Guerra Mundial.

Su padre Christoph y los hermanos Zehlein quienes realizaban costuras a mano para calzado de atletismo en una herrería, **apoyaron a Dassler en el comienzo de su propio negocio**, Adidas.

En 1924, su hermano Rudolf Dassler se sumó al negocio, pero después de la Segunda Guerra Mundial, lo dejaría para crear su propia empresa, **la competidora Puma**.

Adi Dassler y su hermano cooperaron con los nazis desde 1933 a 1945. **La fabrica se transformó en fabricar diferentes equipos para los nazis** no sólo fabricaban las botas militares, también produjeron el famoso Panzerschreck, el lanzagranadas alemán.

En las Olimpiadas de 1928, Adidas equipó a varios atletas incluyendo negros y judíos, iniciando **la expansión intercultural de la empresa**, ahí comenzaba la gran popularidad de ADIDAS. Y Desde 1970, Adidas es el patrocinador, **proveedor y titular oficial de la Copa Mundial de Fútbol.** En este evento, Adidas se encarga de proveer los balones de fútbol y la vestimenta de los árbitros, árbitros asistentes, y recogepelotas.

Hoy en día, Adidas es una marca que diseña y produce calzado, ropa y accesorios deportivos. En **la segunda marca más grande del mundo en el ramo**, sólo después de Nike. Tiene una ganancia de 787 millones de euros y a su mando tiene 53, 731 empleados

Claves para Ser Tu Jefe En 6 Meses

Explora la información que le concierne a cada pregunta, es muy importante que toda la información que ya tengas la utilices en este momento para que la puedas actualizar. Comienza respondiendo estas sencillas preguntas, para que puedas ver acciones a ejecutar para que esto suceda.

Una vez que respondas cada una de estas preguntas, vas a hacer una lista de acciones donde vas a poner todo lo que tienes que hacer, con fechas limites o "deadlines" para que comience a suceder todo esto.

CAPÍTULO VII

Establece un Nicho de Mercado

"El secreto del éxito consiste en saber algo que nadie más sabe."

–Aristóteles, antiguo filósofo griego.

Es hora de hablar del mercado, vamos a establecer el nicho de mercado al que te quieres enfocar. En el capítulo anterior analizaste si tu producto o servicio iba a ir las masas o a un mercado reducido, aquí vamos a ver a detalle eso.

Si tú desde el inicio tienes claro el nicho de mercado al que te vas a enfocar, desde ahí se puede comenzar para que tu publicidad o tu página web comunique lo que ese mercado necesita o quiere. De repente esto se deja de lado, pensando que todo el mundo va a comprarte y a adorar tu producto, cosa que no es así.

Encuentra una forma en la que seas el mejor o el único en el negocio

Ese es el reto de todo buen emprendedor. Tú no quieres ser un igual a tu competidor, tú quieres SER MEJOR que tu competidor o, que mejor, SER EL ÚNICO.

Para ser el único, se necesita primero que tu producto o servicio tenga algo muy innovador, y hay que poner todo el énfasis para que de verdad seas el único. Pero si no es algo innovador, pero sí trae algo atractivo que vaya a beneficiar a un mercado, tienes que asegurarte de ser el mejor de tus competidores.

A mí me gusta mucho subir el estándar y no generar negocios mediocres, que sean más de lo mismo. Si es más de lo mismo, sube la vara llévalo a la excelencia y haz que sea algo mucho mejor a lo que los demás están ofreciendo.

Cada quien sabe y a cada quien le toca averiguar qué puede hacer, pero yo aquí te quiero compartir algunas ideas para lograr que tú te acerques a ese nicho de merado:

Explota lo que sabes hacer

Si tu negocio está ligado a alguna habilidad, a algún "know how" o saber que tu familia o tú tienen, tienes que explotar ese saber-hacer. Si no tienes ningún saber-hacer, no tienes ninguna habilidad, ni idea clara en relación a lo que quieres hacer, te va a llevar muchísimo tiempo ser exitoso.

Contrata o asocia a alguien quien ya está en ese negocio

Eso te va a reducir mucho el tiempo. Se vale hacer alianzas, hacer alguna sociedad, todo depende de lo sólido que esté tu negocio. Esto también te puede ayudar en el caso de que tengas algo muy bueno, te acerques con esos competidores o con esa industria, para explorar alguna alianza que te permita llegar más rápido y beneficie a ambas partes.

Explotar ideas u oportunidades

Explota todas las ideas y oportunidades como se pueda, no te limites a aceptar ideas, tampoco cuando te den ideas no digas cosas como: "eso no lo quieren", "eso no aplica", "¿eso? Debes estar bromeando", "eso a mí ni me interesa". ¡No te cierres a las ideas u oportunidades!

Debes estar despierto, atento y escuchar, muchas veces en esas ideas que nos dan, que bloqueamos por que creemos que somos los mejores, puede que nos sean útiles. Sé una persona abierta a escuchar y explotar todas esas ideas u oportunidades, aquí incluye tus proveedores, tus colaboradores, tus clientes, tu familia y amigos, todo el mundo puede darte ideas; tú además debes de tener un criterio para saber si es momento para aplicar esa idea que te estén dando.

Convierte tu hobbie en una máquina generadora de dinero

Esto va ligado al primer punto, si tu negocio está ligado a tu hobbie o algo que amas hacer, cuando se convierta en un negocio también se va a convertir en una máquina generadora de dinero.

Por ejemplo, en mi caso, a mí me encanta estar facilitando y compartiendo información, me gusta estar con las personas y también me gusta mucho escribir todas esas vivencias. Entonces hoy te puedo decir que ese hobbie se ha convertido en mi ingreso. Recuerdo que desde chica me gustaba jugar a que era escritora, me gustaba jugar a que daba una conferencia, desde niña me visualizaba así, y ahora que lo he logrado me da mucho gusto. Y ese hobbie, esa parte innata que estaba en mí, hoy se ha convertido en una parte importante del negocio.

Identifica qué de tu hobbie vas a aportar al negocio para convertirlo en ingresos.

Inventa una nueva manera de hacerlo

Si tú ya tienes muy definido el producto o servicio que vas a generar, ya conoces a los competidores, ya sabes cuál es tu ventaja competitiva; es momento y además es muy importante que te pongas el reto de inventar una nueva manera de hacerlo, es decir, si el producto o servicio no se presta para agregarle algo innovador, puede que se lo agregues en los procesos internos, en la manera de entregar los productos o en la manera en la que vas a darle seguimiento al cliente.

Siempre tenemos que estar buscando hacer las cosas lo mejor posible, entre más mejoras tengas dentro de tu organización o negocio en esa medida tu mercado o cliente te va amar. **No le temas a inventar una nueva manera de hacerlo** y más si ya todos lo hacen de la misma manera.

Prueba el mercado

Presenta estas ideas a futuros clientes a los cuales les tengas confianza. Si tú ya tienes muy identificado ese producto o servicio, si ya tienes algún prototipo o lo tienes bien diseñado en papel. Te invito a que busques gente de confianza y que sea parte de ese nicho de mercado que tienes en mente enfocarte y le hagas un serie de preguntas para que puedas validar lo que piensan de ese producto o servicio.

Tú tienes que estar muy abierto a escuchar, en esta parte no trates de convencer, ni te trates de justificar a las críticas que puedan surgir. Tú dedícate a escuchar y tomar nota, y una vez que termines esta especie de "focus group" con ese mercado meta, tú podrás poner acción a cada una de las cosas que apliquen y que puedan mejorar ese producto o servicio.

Una serie de preguntas que yo te sugiero hacer y de donde vas a poder tener un diálogo con ese mercado, son (recuerda que puedes añadir o cambiarlas, según tu situación)

- ¿Qué tal si alguien te ofreciera este producto?

- ¿Lo comprarías?

- ¿Se te hace atractivo?

- ¿Cómo te sería más atractivo?

- ¿Cómo definitivamente lo comprarías? ¿Qué más se le puede agregar para que lo compres?

- Si lo comprarás, ¿Cómo o por dónde lo comprarías?

- ¿Cómo lo recomendarías?

Tú vas a escuchar las respuestas que te den, de ahí van a surgir una serie de ideas que te pueden servir mucho, tú en esta actividad dedícate a tomar nota. Cómo te vas a enfocar al mercado que le puede interesar tu producto, te va a dar mucha información de argumentos e información que tú puedes utilizar para tu página web o para vender ese producto o servicio. Recuerda que en este ejercicio, tú eres un espectador sólo estás tomando nota, estás entrevistando al mercado, una vez que tienes las respuestas vas a filtrar la información para mejorar ese producto o servicio para hacerlo más atractivo. Lo valioso de esto es que lo mejorarás usando consejos del mismo cliente.

Como consejo es que una vez que terminaste la prueba de mercado, dale las gracias a las personas que te ayudaron y de ser posible agradece con un detalle bonito, incluso si puedes darles el producto o un pase para que conozcan tu servicio sería muy bueno, porque tú estás utilizando su tiempo e información para que a ti te vaya mejor.

Historia de Éxito

SONY

Desde siempre la familia de Akio Morita se **dedicaba a la producción de sake y salsa de soya**. El padre de Akio, al ser el mayor de sus hijos, lo educó para formar parte del negocio familiar. Pero Akio, encontró su amor en las matemáticas y física, logrando graduarse en física de la Universidad Imperial de Osaka.

Sirvió durante la Segunda Guerra Mundial en la Armada Imperial Japonesa, ahí conoció a su socio Masaru Ibuka, quien tenía un taller instalado en el tercer piso de unos almacenes, el exterior del edificio presentaba grietas por todas partes. **El decrépito taller y los salarios se pagaban con los ahorros de Masaru.** En este taller Masaru se dedicaba a la reparación de radios, cosa que no dejaba tanta ganancia.

Regresando de la guerra Akio y Masaru deciden fundar Sony, iniciando con 20 empleados y una inversión inicial usando sus ahorros de ¥190,000 (aproximadamente $1,500 USD) **Su idea fue crear nuevos mercados,** expandiendo la oferta tecnológica.

Uno de sus primeros contratos lo recibieron del Ministro de Comunicaciones, quien había solicitado 50 voltímetros de tubo a vacío, cosa casi imposible de conseguir. Sobre esta complicación, SONY **se vió forzada a crear su propio equipo en el taller.** Poco a poco y a lo largo de los años, SONY fue expandiendo sus invenciones, gracias a sus mentes creativas (Masaru y Akio).

Los aportes más relevantes de SONY al mundo son: la primera grabadora de sonido en Japón, la primera radio de transistores del mundo, el primer receptor de televisión transistorizado, la primera grabadora de vídeo transistorizada, la primera grabadora de vídeo doméstica, el primer proyector de vídeo, en 1979 presentan su famoso Walkman, 1980 presentan el CD, en 1994 lanzan la PlayStation, en 2008 el formato Blu-ray y la lista sigue. **SONY es una muestra de innovación y apertura de mercados.**

Claves para Ser Tu Jefe En 6 Meses

Recuerda que el propósito de estos libros es formar GRANDES EMPRENDEDORES, que tengan proyectos diferentes e innovadores. Por eso es importante que te enfoques en conocer al mercado al que quieres llegar y que mejores tu producto o servicio de manera que lo que ofrezcas sea para ellos un *amor a primera vista*.

Otro punto muy importante y que te servirá de herramienta para mejorar tu producto o servicio, es que hagas una prueba de mercado con el mercado meta. Pídele a gente de confianza, que forme parte del mercado, que te permita hacerle algunas preguntas, en esta etapa tú sólo escucha y toma nota, que no se te olvide que *el cliente siempre tiene la razón*.

CAPÍTULO VIII

Diseña tu Estrategia de Marketing

"Si realmente logras impresionarlos, los clientes se lo contaran unos a otros. La palabra que circula de boca en boca es muy poderosa"

–Jeff Bezos, fundador y CEO de Amazon.com

Ahora es momento de diseñar tu estrategia de marketing, para que puedas vender ese producto o servicio. Tomaremos en cuenta lo que se conoce como las 4P's: Producto, Plaza, Promoción, Precio. Son aspectos muy importantes y valiosas herramientas, porque nos permiten identificar desde el inicio las acciones o lo que tenemos que hacer para que suceda lo que tenemos en mente.

Producto

¿Cuáles serán tus *productos* o *servicios*? Hay que considerar si sólo es uno o si son varios que se derivan de uno o si son varios que son independientes entre ellos. Algo muy importante es que no te avoraces desde el inicio a sacar muchos productos o servicios, y más si todavía no tienes la infraestructura o todos los elementos necesarios que se requieren para manejar esta complejidad, esto te evitará problemas.

Nosotros al inicio recomendamos que inicies con la menor cantidad de productos y servicios, para que puedas enfocarte a ellos, a que maduren y una vez que ya vayan en crecimiento en el negocio puedas ir involucrando otros servicios o productos. Esto es algo que al final ocurre en cualquier negocio, porque conforme vayas ofertando y vendiendo tus primeros productos o servicios vas a recibir retroalimentación del mercado y de ahí vienen nuevas ideas que te permiten mejorar el producto o servicio actual o generar algunos derivados al negocio.

Lo primero y cosa que tienes que tener definida es, cuáles serán esos productos o servicios que vas a iniciar a ofrecer. Una vez que eso esté definido, pasamos a la siguiente "P".

Plaza

¿Dónde entregarás o dónde podrán ser comprados tus productos o servicios? Aquí definirás el medio en el que tu mercado llegará a comprarte tu producto o servicio. Actualmente hay muchos productos y servicios que se ofertan a través de internet, por lo que ya no se necesitan establecimientos físicos.

Si tu caso involucra el uso de internet, tienes que asegurar TODO lo que necesitas para que tu página web sea clara, sea fácil de navegar y que al final el e-commerce permita que el mercado compre tu producto o servicio.

Si tú vas a poner un establecimiento físico donde el mercado va a llegar, tienes que asegurarte de que esté bien localizado para que el mercado llegue.

En esta "P" hay que identificar la **Plaza,** es decir, a través de qué mecanismos el producto o servicio se va a ir desplazando con ese mercado meta que tienes definido.

Promoción

¿Cómo y dónde promocionarás tus productos y servicios para que sean muy comprados? *Sin promoción no hay ventas,* por eso es que tienes que invertir en la promoción. Le tienes que estar diciendo constantemente al mercado que aquí estás y cómo pueden adquirir ese producto o servicio.

Al inicio es muy difícil empezar a invertir en campañas publicitarias, en anuncios de revista o volanteo. Tú tienes que ser muy creativo y debes buscar la manera en que te cueste menos pero sí tienes que asegurarte que cada vez más personas sepan de que existe ese producto o servicio.

En esta parte entra en juego algo que es muy útil que son las redes sociales donde no te van a costar, y si eres disciplinado y muy creativo en la manera en la que vas a estar promocionando ese producto o servicio, te van a poder llegar compradores.

Es muy importante que también tengas algunas ofertas, pueden ser ofertas de lanzamiento, por ejemplo un "2x1" o un "x"% de descuento por ser de los primeros compradores. Hay varias cosas que puedes hacer para que sean atractivas esas promociones, recuerda que al inicio el mercado no confía en ti, no te conoce, por eso tú debes de tener ciertos *anzuelos* para que el mercado vaya adquiriendo la confianza en ti.

Precio

¿Cuál es el mejor precio que el mercado está dispuesto a pagar a fin de que vendas mucho? No te quieras hacer rico a la primera, tienes que estar ubicado en base de ese mercado meta, cuánto es lo que están dispuestos a pagar.

Por eso es que hiciste investigación de tus competidores, para saber en cuánto están vendiendo ese producto o servicio, también hiciste una prueba de mercado con los clientes; con esa información ya puedes definir cuál va a ser el precio que tu producto o servicio va a tener.

También es recomendable que hagas las pruebas una vez lanzado tu producto o servicio, si es que al mercado se le hace barato o caro y puedas ir haciendo los ajustes. Lo importante es que tú ya tengas definido un precio con en el cual vas a lanzar ese producto o servicio.

Diseña una marca e imagen espectacular al nivel de los mejores

Esto viene después que tú ya tienes acciones para los puntos anteriores. No me refiero a que tú personalmente diseñes la marca e imagen, pero sí tienes que asegurarte de contratar a un buen diseñador que te genere un **manual de marca**, el uso del logotipo donde venga qué tipo de letra debes de usar en tus cotizaciones, tus tarjetas de presentación, en tus correos electrónicos, etc.

Los manuales de marca me gustan mucho tenerlos desde el inicio, porque se vuelven en las directrices de cómo vas a cuidar tu marca. Estos manuales no son teóricos, más bien son la biblia de tu logotipo y de la marca de tu empresa y al final conforme vayas avanzando en esta etapa es el conductor que te va a ir guiando, para que no te desvíes, ni desvirtúes de esa inversión que hiciste en el logotipo y en la marca.

Una vez que ya tienes este diseño de tu marca, regístralo y haz el sitio web. Hoy en día una empresa o negocio aunque esté apenas naciendo, si no tiene un **sitio en internet** no existe; con todos los avances que tenemos hay muchos sitios en donde tú lo puedes hacer tu propia página, la finalidad de esto es que te asegures de tener tu página web.

Siempre son importantes los elementos impresos, pero tal vez ya no tengas que gastar tanto en dípticos o trípticos ya que puedes tener elementos digitales como un Media Kit o una presentación de tu servicio o producto. Tú antes de abrir ya debes de tener listo todo esto, para que te veas mucho más profesional.

Algo que es bueno que sí te recomiendo imprimir, son bastantes tarjetas de presentación para que puedas dárselas a tus clientes, a tus conocidos, a toda tu red para que comiences a recibir flujo de personas que puedan volverse clientes.

Haz un presupuesto del gasto en marketing

Con todo esto que acabamos de ver, sería muy bueno que hicieras un presupuesto del gasto que harás en marketing. Así podrás saber cuánto tienes y cuánto tendrás que conseguir, porque al final tú quieres y debes verte como un profesional.

Si tú sigues todos estos pasos, y ya sabes cuánto te va a costar es más fácil que sepas a quién puedes contratar, que tengas información para que te asegures de tener tú marca, tus tarjetas de presentación, tu Media Kit o tus impresos.

Establece un plan de cómo realizarás las ventas para que sean en gran volumen de ventas

Una vez que ya tengas este presupuesto, empieza a pensar en cómo realizarás ventas. Estamos a cinco meses antes de abrir el negocio, aquí tienes que empezar a enlistar a quién le vas a empezar a vender, a quiénes vas a invitar a la inauguración.

Tú y las personas con las que iniciarás este negocio deben de tener un enfoque de *ventas,* porque desde el inicio te interesa tener un gran volumen de ventas, ¡recuerda que necesitas dinero! Para seguir invirtiendo y creciendo, éste es el momento para que con calma hagan todas una lista de los principales prospectos a que le vendan esos productos o servicios.

Protege tu marca

No quiero dejar esto de lado, protege tu marca, el nombre, el logotipo, el slogan, para evitar problemas de que alguien haga mal uso de éstos. Desde el inicio ten la certeza que tu marca va a ser exitosa, se expandirá y crecerá mucho, entonces vale la pena invertir en este tipo de cosas, para ir quitándote preocupaciones de encima. Conforme vayas creciendo, ya vas a tener lista esa protección intelectual de tu marca y de tu logotipo.

Historia de Éxito

Calvin Klein Collection:

Fue criado en una comunidad inmigrante de judíos húngaros y se matriculó pero jamás consiguió graduarse del New York's Fashion Institute of Technology.

En 1968 trabajó y adquirió experiencia en Nueva York, al vender abrigos en la Séptima Avenida y al poco tiempo fundó su compañía Calvin Klein Limited. **Un amigo de la infancia le prestó $10,000 dólares** para iniciar la operación de la recién creada empresa y posteriormente, un mes más tarde, se unió a Calvin Klein Ltd.

Una gran oportunidad vendría cuando Klein alquiló un modesto salón en un edificio para exhibir una pequeña línea de muestras, fue cuando el vicepresidente de Bonwit Teller, le gustó tanto lo que vió que invitó a Klein para que llevara sus muestras a la oficina del presidente de Bonwit Teller; esto dió como resultado que ya desde el primer año de Calvin Klein lograra ganancias por ¡$1 millón de dólares!

Un año después, Klein ya estaba apareciendo en la portada de la revista estadounidense Vogue. Para 1971, **sus nuevos diseños** de ropa deportiva, chaquetas clásicas y lencería **fueron añadidos** a su colección de ropa para dama.

Otra gran clave del éxito mundial que ha obtenido la marca CK, fue gracias a **sus delicadas campañas de marketing**, que desde el inicio comenzó usando modelos baratos pero que ya hoy en día trabaja con modelos que son ¡actores de Hollywood!

Calvin Klein ha revolucionando la moda desde los 90's con sus creaciones minimalistas y exentas de adornos superfluos, lo cual representa al hombre y mujer modernos.

Claves para Ser Tu Jefe En 6 Meses

La manera en la que vendas y ofrezcas tu marca, será la forma en la que se comprará. Si desde el inicio, sabes acercarte al mercado manteniendo congruencia entre tu marketing y tu producto o servicio, ten por seguro que no tardarás en hacerte famoso.

Sé consciente de cómo se está vendiendo tu marca y busca vender ¡la mayor cantidad desde el inicio! No te limites, pero recuerda siempre tener el equilibrio entre lo que vendes, el precio y cómo lo vendes y ofreces al mercado.

CAPÍTULO IX

Crea tu Estrategia o Plan de Negocio

"Donde hay una empresa de éxito, alguien tomó alguna vez una decisión valiente".

–Peter Drucker, abogado austriaco considerado el mayor filósofo de la administración.

Aquí vamos a ver cómo generar un plan de negocios, tal vez ya tengas un bosquejo o borrador de tu plan de negocios, si lo tienes, éste va a ser el momento donde retomaremos esa información y podremos reestructurar y adaptar al momento en el que te encuentras ese plan de negocio.

Un plan de negocios es muy importante, porque te dará mucha claridad y te va a permitir bajar de tu mente todo lo que tienes planeado para el negocio. También te va a permitir tomar en cuenta todo lo que se necesita de manera financiera como son los presupuestos, te va a permitir validar si tu producto o servicio que quieres sacar al mercado tiene claridad y viabilidad, y te va a permitir ver que tengas el dinero necesario en todas las etapas que vas a empezar a vivir.

Haz un plan de negocios REAL y no fantasioso

No empieces a poner en el presupuesto cosas que no se requieren al inicio, por ejemplo camionetas, coches de utilería y demás cosas. Tiene que ser un presupuesto REAL y dirigido al negocio tampoco que sea limitado; sólo que tenga los elementos básicos que se necesitan.

Me ha tocado ver varios emprendedores, y la vedad es que en algunos casos me da pena cuando veo sus planes de negocio que están infladísimos con cosas que ni se necesitan o cosas que se pudieron hacer de otra manera. Y al final no son viables porque esos planes de negocios no están sustentados en una realidad.

Contenido

El plan de negocio cuenta con una estructura. Consta de portada, resumen ejecutivo, análisis del mercado, descripción del negocio, descripción del equipo ejecutivo, estrategia de propiedad intelectual, descripción que asegure que el negocio será negocio y proyecciones financieras.

PORTADA. En este momento tú ya debes de tener un logotipo, un nombre de la marca o del negocio, esto siempre debe estar presentado de una manera muy profesional, muy ejecutiva en la portada.

RESUMEN EJECUTIVO. Se desglosa a detalle pero siendo breves. Contiene el producto o servicio que quieres hacer.

ANÁLISIS DE MERCADO. Todo el resumen ejecutivo se sustenta con esta parte. Tú ya tienes un estudio de competidores y de las ventajas competitivas que tienes en relación a éstos. Es aquí donde vamos a ir insertando toda la información que hemos ido trabajando.

DESCRIPCIÓN DEL NEGOCIO. Aquí vamos a tomar en cuenta tres puntos importantes que son:

Plan de marketing. Donde se vea muy claro qué es lo que vas a hacer para comunicar a tu mercado lo que estás ofreciendo.

Plan de ventas. Aquí debe de venir sobre las personas que vas a contactar, cuánto piensas vender y esto debe estar sustentado con datos.

Plan de operaciones. Esto es todo lo que vas a hacer meses antes de abrir el negocio sobre cómo vas a ir poniendo tu sitio web, oficina, establecimiento, producción, etc. Debes poner todo lo que se tiene que hacer, para que el día de la inauguración todo en tu negocio esté muy bien documentado, sólido y bien presentado.

DESCRIPCIÓN DEL EQUIPO EJECUTIVO. Las personas que están involucradas en el nacimiento de tu negocio son muy importantes, esta sección incluye un currículum o información clave que dé confianza sobre este equipo que se está involucrando y que son los actores intelectuales de todo lo que se pretende hacer.

ESTRATEGIA DE PROPIEDAD INTELECTUAL. Si tu producto o servicio tiene que ver con alguna patente o innovación, en esta parte tiene que estar muy descrito todo el plan que harás y la estrategia para hacer que la propiedad intelectual de ese servicio o producto está bien sustentada. Si no tienes nada que ver con propiedad intelectual, simplemente no llenas esta parte.

DESCRIPCIÓN QUE ASEGURE QUE EL NEGOCIO SERÁ NEGOCIO. Es decir, aquí hay que poner los elementos que garantizan que el negocio es y se volverá un buen negocio. Este punto debe de estar muy sustentado porque es en donde un inversionista va a poner más atención, aquí tiene que ver que tanta idea y sentido de negocio tienen tú y tu equipo. No mientas, ni maquilles los datos. Si tu producto o servicio es muy bueno simplemente haz una descripción de cómo estás seguro de que ese servicio o producto va a ser exitoso.

PROYECCIONES FINANCIERAS. En 1, 5, 10 o la cantidad de años que quieras, cómo es que ves tu negocio, su crecimiento y expansión. Aquí pon las metas que quieras cumplir y también no te olvides de ponerles fecha a cumplir.

Historia de Éxito

Garantía de 30 min de Tom Monaghan:

Cuando tenía 4 años, luego de la muerte de su padre, su madre lo entrega a un orfanato católico junto con su hermano. Ahí es criado por monjas polacas. En la adolescencia ingresa al seminario, pero es expulsado por desordenado. No fue un buen estudiante y nunca termina la universidad. Con su hermano James compran una pizzería llamada Dominicks por menos de 900 dólares. Años más tarde se quedaría con el 100% del negocio, **luego de vender a su hermano su única posesión**, un Volkswagen escarabajo. En 1967 abrió su primer local franquiciado bajo el nombre de *Domino's Pizza* y pronto la cadena comenzó a crecer, llegando a contar en diez años con 200 tiendas en todo Estados Unidos.

El grupo logró mucha popularidad en 1973 gracias **a una técnica publicitaria posteriormente imitada por otras marcas**, la garantía de entrega de pizza en 30 min. En 1981 el grupo abre su establecimiento número 500, y en 1983 alcanza las 1,000 tiendas con sus primeros locales fuera de Estados Unidos: uno en Canadá y el otro en Australia. **Es la segunda cadena** más grande de venta de pizzas en Estados Unidos (después de Pizza Hut) y cuenta con más de 10,000 establecimientos en régimen de franquicia en más de 60 países.

Claves para Ser Tu Jefe En 6 Meses

Tener orden y organización es una clave para llevar tu empresa o negocio al éxito. Por eso es importante que tengas tu plan de negocios lo más detallado que sea posible. Esto no te ayudará sólo a ti, sino que te también será el medio por el cual atraerás y convencerás a los inversionistas en que tu negocio vale su dinero, de ahí la importancia que llenes todo con información REAL.

CAPÍTULO X

Encuentra la manera de financiar

"En la vida no obtienes lo que quieres sino lo que negocias".

– Donald Trump, magnate y empresario estadounidense.

Uno de los obstáculos principales, que hace que cualquier negocio se tenga que detener tiene que ver con el dinero. Muchas veces cuando ya tenemos nuestro plan de negocios, es probable que te encuentres con la barrera que necesitas dinero, es por eso que en este capítulo te voy a dar algunas ideas para ayudarte a conseguir dinero de manera lícita y ética.

Haz uso de tus ahorros

En este momento tienes que hacer uso adecuado de tus ahorros, porque el inicio del negocio es como el nacimiento de un bebé, es cuando más necesitas meterle ese dinero, tienes que invertir en la imagen, el logotipo, la forma en la que lo llevarás a los clientes o la manera en la que lo vas a presentar; para esto necesitamos dinero.

Una ventaja de los ahorros es que te dará mucha tranquilidad el no tener que preocuparse de los intereses o evitarte estar en reuniones para recaudar dinero.

Invita a inversionistas

Si no tienes ahorros o no son muchos, el otro camino es financiarse a través de inversionistas. Hay inversionistas que ya son exitosos que ya tienen varios negocios, y dentro de su visión ellos ya tienen el estar buscando y apoyando negocios que vayan naciendo para convertirse en socios, por lo general ellos aportan el capital pero no se involucran mucho en el negocio, pero sí te piden cierto rendimiento por su inversión. Esta es una muy buena opción, pero tiene que estar bien estructurado porque puede ser que algún inversionista confíe en ti pero si luego tú no eres capaz de dar el rendimiento acordado, va a terminar fracasando la relación y probablemente te cobre lo que puso en el negocio.

Todo esto del dinero tiene que ver con una parte ética y honesta de los seres humanos. Si tú sientes que no está funcionando el negocio con las promesas que hiciste, sería bueno que hablaras con el inversionista, pidieras su consejo y llegaran a un acuerdo; si no le dices y dejas pasar el tiempo, tú vas a ser quien termine quedando mal.

Invita a dueños de negocios actuales

Es otra manera de financiar tu negocio. Si tú tienes algo de valor agregado y que es diferente a lo que estos dueños están ofertando, es más fácil que llegues a hacer una alianza estratégica o algún tipo de sociedad donde haya una relación ganar-ganar.

Si eliges este camino debes de ser muy cuidadoso de tener una protección de tu marca, si es alguna innovación o patente debes de tener todo documentado y cuando vayas a comentar tu proyecto con estas personas, te firmen algún contacto de confidencialidad para que no corras ningún riesgo de que te roben tu idea. Sé muy cuidadoso y no lo platiques con cualquiera.

Invita a familiares o amigos

Desde el inicio debes de ser muy claro y poner las reglas, si nada más van a dar la parte del capital donde ellos invierten y reciben un rendimiento, o si se van a involucrar debes de clarificar cuáles son los roles, obligaciones y responsabilidades de cada uno.

Yo he conocido emprendedores que le apuestan a esta opción de que familia los capitalice y resulta que luego ya toda la familia se volvió dueña del negocio porque nunca dejaron claro y estipulado, cuáles eran las responsabilidades de cada uno.

No permitas que esto te suceda, simplemente deja las cosas muy claras con tus amigos o familiares cuando vayan a invertir dinero en tu negocio.

Pide un préstamo con el menor interés

Esta es la más sencilla de todas, te evita todos los problemas y el andar definiendo responsabilidades y obligaciones. Puedes pedir un préstamo que tenga el menor interés y que te ayude a capitalizarte rápidamente y ya después tú lo irás pagando.

Hay opciones como son las cajas populares, que te prestan a un interés bajo o algún banco que apoye emprendedores. También si no quieres nada bancario y tienes el tiempo, es muy bueno investigar todos los programas que el gobierno tiene como INADEM y que dan apoyo a emprendedores donde mucho capital que tú puedas necesitar para iniciar, ellos llegan a pagártelo hasta en un 70%.

En estos programas gubernamentales, tienes que tener muy bien estructurada la información y es todo un proceso porque tienes que hacer muchos papeleos, pero finalmente si es lo que quieres debes de dedicarle el tiempo y empezar a buscar esta financiación.

Recomendaciones

Algunas recomendaciones que te quiero dar son:

No uses tarjetas de crédito

No intentes usar tus tarjetas para financiar tu negocio porque esto va a dañar tu historial crediticio, va a causarte angustias y no te va a permitir disfrutar esta etapa del negocio. Si no puedes conseguir el dinero con alguna de las opciones que te comenté, no uses tus tarjetas. Si ya de plano es imposible y ya necesitas el dinero porque ya tienes a los clientes, úsala e inmediatamente paga lo que tomaste.

No gastes más del presupuesto que tengas destinado

En esta etapa tú ya tuviste que haber hecho presupuestos, de marketing, de ventas, de gastos de operación, de páginas webs y de toda esta parte. No te salgas de este presupuesto, alinéate a él y si algo se te pasó documenta en ese presupuesto inicial ¡ajústalo! Porque si no te alineas a ese presupuesto vas a empezar a tener más gastos que no tenias considerados.

Lleva un control estricto del gasto

Documenta tu gasto, puede ser en un Excel u otra hoja de cálculo, y que sea un método que cuando ya estés llegando al tope de lo que tenías planeado, te mande una alerta o te avise para que evites seguir gastando. Es muy importante tener esto en cuenta, porque como emprendedores, soñamos y decimos que nos irá súper bien; sí te irá bien pero también tienes que poner los pies en la tierra y estar en la realidad de que tienes que tener ventas y cuidar el dinero.

Un error que se comete es que se invierte mucho capital, esto tranquiliza a los emprendedores y entonces ya no se pone la urgencia a vender, por eso te lo digo para que no te lo permitas. Empuja a que vendas, para que inmediatamente pagues todos tus gastos. Si ya el presupuesto se te salió de las manos es momento de que pares el gasto y que ya no sigas avanzando más.

No gastes en idioteces

No gastes en cosas que no necesitas o que no necesita el negocio. Estás en la etapa más importante del negocio, en la que tienes que invertir y estar tranquilo. Si algo no necesitas para tu persona o para tu casa, ¡no lo compres! Más adelante ya llegará el momento en el que habrá dinero con el que podrás consentirte y comprarte todo lo que quieras.

Éste es un momento como cuando tienes un bebé, es el momento en el que tienes que darle la mejor leche, tienes que darle los alimentos para que vaya creciendo y fortaleciendo, lo mismo con tu negocio, todo le dinero que tengas sea mucho o poco tiene que ser puesto en el negocio, para que rápidamente inicie a rendir frutos y tú estés muy preparado para empezar a vender.

Historia de Éxito

Ingeniero Soichiro Honda:

Hijo de un herrero, **abandonó los estudios** a la edad de siete años y trabajó durante seis años en Tokio, en un taller de reparación de coches. A los **veintiséis años fundó** la Toukai Precision Machine

Company, que se dedicaba a la producción de anillos de pistón. Al mismo tiempo cursó estudios en la Escuela de Ingeniería de Hamamatsu.

Durante la segunda guerra mundial, un bombardero americano destruyó una de las plantas en 1944 y otra planta se cayó en el temblor de 1945 en Mikawa. Después de la guerra, Honda vendió los restos de la compañía a Toyota por ¥450,000 (aproximadamente $3,500 USD) y usó las ganancias para fundar el Instituto Honda para la Investigación Técnica en octubre de 1946, dedicándose a fabricar motos.

Honda también se dedicó a la producción de coches, pero la empresa **se hizo famosa como la mejor fabricante de motocicletas ¡del mundo!**. El crecimiento de Honda a principios de los 50 fue espectacular, y su solidez le permitió capear la fuerte crisis económica que causó en Asia la Guerra de Corea.

La década de los 60 supuso la consagración de Honda como fabricante de motos de competición. En los 70 le tocó el turno a los automóviles, que Honda había comenzado a fabricar desde 1963.

El imperio Honda caminaba con paso firme gracias a la obsesión de su fundador por **innovar constantemente**, más allá de la comercialización.

Hoy en día es una empresa que fabrica automóviles, propulsores para vehículos terrestres, acuáticos y aéreos, motocicletas y en general componentes para la industria automotriz. **Y produce una gran cantidad de innovaciones en las tecnologías de punta.**

Claves para Ser Tu Jefe En 6 Meses

El financiamiento es una de las partes base del inicio de tu negocio, así que procura no salirte de tu plan de negocios. En caso de no contar con los ahorros suficientes, busca financiamientos seguros que no tengan un alto interés, que no pongan en riesgo a tu marca, ni idea y que tampoco afecten la organización y estabilidad de tu proyecto.

CAPÍTULO XI

Cuatro meses antes – Establece tu estrategia en línea

"¿Qué sería de la vida, si no tuviéramos el valor de intentar algo nuevo?".

– Vincent Van Gogh, pintor neerlandés y principal exponente del postimpresionismo.

¡Ya estamos a cuatro meses de iniciar ese emprendimiento! Vamos a abordar qué es lo que tienes que hacer y qué no debes de olvidar en este periodo de tiempo, esto para que lo alistes, lo prepares y podamos continuar con los siguientes meses de preparación.

Tienes que estar en internet

Tienes que tener una página web, este es el momento donde tienes que definir si tú vas a hacer la página o vas a contratar a alguien. En el caso que contrates a algún proveedor, es el momento donde le tienes que dar toda la información necesaria de tus competidores, qué te gustó y qué no, o de aquellas páginas que se te hacen atractivas para que le des insumo al proveedor y te pueda hacer la mejor página de internet que necesita tu negocio.

Es muy importante tener primero la presencia con la página web y una vez que tengas esa página web, hay que **APROVECHAR TODOS LOS CANALES** que nos brinda el internet, como son:

Google. Que inicies a posicionarte con palabras claves, para que cuando alguien busque tu producto o servicio seas de los primeros en aparecer. Es todo un proceso, hay estrategias donde tienes que pagar por publicidad, y también hay una forma en la que introduciendo palabras claves el buscador te encuentra.

YouTube. Aquí tú puedes meter cierta información si tu producto o servicio lo permite para que también empieces a aparecer en diferentes canales.

Redes Sociales. Es algo que hemos mencionado mucho en este libro, porque es algo que no te cuesta, es algo que es parte de tu generación y que por lo tanto sabes usar. También es importante que no utilices tu perfil para el negocio, más bien recomiendo que le hagas a tu negocio un perfil en las diferentes redes sociales donde puedas hacer todo un plan de marketing, donde puedas mostrar las promociones, donde pongas las información clave, para iniciar la propagación de tu producto o servicio.

Emailing lists. Tú puedes tener una serie de contactos que estén relacionados al mercado al que quieres llegar, también funciona que juntes toda esta base de emailings y vayas haciendo campañas anunciando que ya viene la inauguración de tu negocio o que estés alertando a todos tus contactos sobre promociones o novedades que vayas teniendo. También para que cuando ya estés establecido, ya existan personas que hayan tenido información sobre tu negocio.

Blogging. Es algo que también esta muy en boga, y puedes poner en tu página web una cuartilla donde puedas compartir los beneficios que tu producto o servicio tiene, por qué es diferente al de los competidores. Tú puedes meter información que sea de valor para este mercado meta y que desde aquí tú empieces a interesarlos de que tienes algo muy bueno y que les va a interesar.

Reglas de oro

Estas reglas son fundamentales que debes de tomar en cuenta:

Se tiene que ver actual.

Toda la información que vayas a tener para el mercado, como tu página web, tu envoltura, tu uniforme corporativo, tus tarjetas de presentación, todo. Tiene que verse profesional, que realmente le invertiste tiempo y dinero, esto para subir el estándar que normalmente se hace cuando alguien lanza su producto o servicio.

Tienes que parecerte a los mejores del mundo

Si tú ya tienes identificados algunos competidores que son líderes en ese producto o servicio que estás a punto de lanzar al mercado. Es muy importante que te parezcas a ellos, que te pongas al mismo nivel para que desde la imagen y en la mente de cada uno de los consumidores vayan ubicando que tu producto o servicio es bueno.

Debe de ser atractivo para el cliente

Probablemente la presentación de la imagen de tu negocio no te encante ni sea lo que esperabas, pero si lo hizo un profesional y te asegura que ese producto o servicio va a vender, gracias a la manera en la que se está presentando, tú debes de confiar y también de estar revisando y monitoreando cómo es el comportamiento ya en el mercado.

Es muy importante esto de ser atractivos, porque mucho de lo que compramos, lo necesitemos o no, lo decidimos comprar porque nos pareció atractivo, por la forma en la que nos lo vendieron o la información que nos dieron o el precio. En resumen tú te tienes que asegurar que todo lo que vayas a lanzar tiene que ser atractivo, no para ti sino para el mercado meta.

Siempre debes poner las maneras de contactarte

Es decir un "01 800", un teléfono, un correo electrónico, tu página web, lo que creas que es mejor para tu mercado meta pero siempre, en toda la publicidad que implementes, debes de poner la manera en que te contacten.

Me acuerdo de alguien que tenía una empresa de banquetes, que cada vez que nos lo encontrábamos le preguntábamos, que por qué las mismas familias lo seguían contactando, y fue cuando él nos explicó que ponía su teléfono en las servilletas, entonces la gente guarda la servilleta y ya después le marcan. Esta persona se aseguró de que siempre hubiera una manera de contactarlo.

Tú puedes implementar la idea que quieras, pero tienes que asegurar que siempre te puedan contactar.

Debes de parecer muy creíble al cliente

Debes verte como todo un profesional y no como un emprendedor, recuerda que debes de tener una mentalidad de dueño, de empresario.

Así que aunque tengas 20, 30, 40 o los años que tengas, siempre debes de verte profesional, también si apenas tienes unas cuantas semanas en el negocio o apenas estás por lanzarte tú ya tienes que verte como un profesional y como una persona que sea creíble. Al final, las personas confían primero en quien les está platicando acerca de ese producto o servicio, luego ya viene la parte del enamoramiento donde comentas la parte de los beneficios de tu producto o servicio.

Debes de provocar que el cliente te contacte

Es mucho más fácil vender, cuando el comprador inicia la relación o te busca o contacta. Es un tanto más difícil cuando tú estás prospectando, cuando tú estás tocando puertas porque es muy probable que a la gente a la que te acerques no le interese en ese momento tu producto o servicio.

Tú tienes que asegurarte que tu producto o servicio es atractivo, si tus páginas webs llaman la atención, si estás inundando de manera viral las redes sociales con lo que tú haces, va a hacer que venga un flujo de interesados o prospectos a comprarte.

Te voy a dejar unas cuantas líneas para que enlistes todas las ideas y opciones que puedes generar para que **el cliente te contacte**, es decir, qué tienes que hacer como marca o como empresa o como oficina o como negocio, para que ellos te contacten, no tú a ellos y con esto se incremente la posibilidad de que cierres un negocio.

Lo que tengo que hacer para que el cliente me contacte primero es…

_____

_____

_____

_____

_____

_____

_____

_____

_____

Historia de Éxito

Tommy Hilfiger:

Proveniente de una familia irlandesa, Tommy Hilfiger es el segundo de nueve hermanos. Tuvo claro desde temprana edad que quería dedicarse al mundo de la moda.

Con tan sólo 150 dólares y unos cuantos jeans, el modisto empezó su local en el que vendía ropa pensada para músicos, además de otros artículos como velas o inciensos, ítems típicos de aquellos tiempos donde predominaba el movimiento hippie, llamado The People's Place.

Comenzó teniendo mucho éxito, hasta que en 1972 quedó completamente destruida debido a una inundación causada por el huracán Agnes, después en 1976 **su tienda se fue a la bancarrota**. Eso lo hizo moverse a New York, donde le ofrecieron trabajos de asistente de diseño con diseñadores como Calvin Klein y Perry Ellis, los cuales **rechazó a pesar de estar en bancarrota.**

Creó su propia línea en 1985 y, siendo prácticamente un desconocido, **lanzó una campaña con el siguiente mensaje**: "Los cuatro mejores diseñadores de ropa de hombre son Ralph Lauren, Perry Ellis, Calvin Klein y Tommy Hilfiger".

Esta segunda empresa no tardó en hacerse famosa, con sus grandes diseños. En los 90 él **fue uno de los primeros** diseñadores en mezclar moda con celebridades, **patrocinando tours** para leyendas del rock como The Rolling Stones y presentando músicos como Lenny Kravitz, David Bowie y Beyoncé en sus icónicas campañas publicitarias.

Hoy en día es una de las grandes marcas de modas en todo el mundo, con sedes en Hong Kong, New Jersey y Ámsterdam, produciendo alrededor de 6 mil millones de dólares.

Claves para Ser Tu Jefe En 6 Meses

Por lo visto, es muy importante que tengas una manera de presentarte vía internet, puedes usar todos los medios que quieras, la creatividad queda en ti. Recuerda presentarte como todo un empresario y profesional en el negocio, no importa cuánto tiempo lleves en esto de los negocios. Haz que el cliente se acerque a ti y venderás mucho más que si tú vas de puerta en puerta buscando clientes. ¡Échale muchas ganas!

CAPÍTULO XII

Enamora al mercado

"Un pintor es aquella persona que pinta lo que puede vender. Un buen artista es una persona que vende lo que él pinta".

– Pablo Picasso, pintor y escultor español creador del cubismo.

Vamos a enamorar al mercado, es decir que tú debes de tener preparado un *speech,* un diálogo, para cuando te encuentres a un conocido o a una persona o cuando abordes diferentes prospectos, tú tengas información clave de cómo enamorarlos. Como emprendedor tú estás enamorado de tu producto o servicio y al llevar tiempo trabajando en él, tú lo describes de cierta manera que puede ser muy técnica y que pocas personas te pueden entender, por eso es súper importante lo que vamos a ver en este capítulo.

Crea un Speech del Elevador

El reto aquí es crear un speech, que pueda ser dirigido a cualquier persona: tu mamá, un niño de 12 años o quien tú quieras. Si tú le dices este speech, perfectamente te van a entender y saber cuál es tu producto o servicio.

Esta parte de tener un speech del elevador, es muy importante porque tú vas a ir haciendo tu red de contactos, tú hoy tienes muchos conocidos, tienes familiares y amigos que saben o no saben que vas a poner tu negocio; por lo que tú tienes que entrenar a todas estas personas de lo que estás haciendo, pero tienes que entrenarlos de una manera muy profesional, porque lo que tú buscas al compartirle a toda tu red de contactos qué es lo que estás haciendo es que ellos se conviertan en tus promotores, en tus vendedores y ellos te recomienden y referencien, para que así más gente vaya acercándose y conociendo tu producto o servicio.

Esta parte la he venido trabajando durante años, y actualmente con todo lo que son las redes sociales, es muy útil que en el círculo de amigos que tienes desde los más cercanos como tu familia hasta los más lejanos como la novia del amigo de tu primo, puedas transmitirle ese speech de una manera sencilla pero siempre muy profesional, para que desde el inicio los enganches.

Debes de trabajar para que te recomiende gente, porque tú tienes que vender y generar ingresos para sustentar la permanencia del negocio, por eso es bueno que haya más gente te esté recomendando.

Yo sé que muchas veces no vas a poder contratar vendedores que te ayuden, por eso hay que armarnos de todos los recurso que tenemos cercanos y que no nos cuesten dinero. Por eso es bueno que toda persona que conozcas te ayude a potencializar y mandar flujo al negocio.

Lo primero que debes saber sobre un speech del elevador es que hay que decir algo muy corto. También tienes que descubrir *¿En qué eres único?* En tu producto o servicio, esta respuesta tienes que darla como un experto, como el "papá" del negocio y sobretodo responder de una manera honesta. Eso tienes que identificar primero ¿En qué eres único, a diferencia de los competidores? U otra manera es ¿Qué tiene mi producto o servicio que nadie más tiene? En pocas palabras debes de ser capaz de describir eso.

¿Datos de credibilidad? Si ya tienes estos datos hay que ponernos. A datos de credibilidad, me refiero a que si has ganado un premio nacional por tu emprendimiento y que te apoyaron para que fuera un negocio o si ya pasado el tiempo tienes "x" número de clientes. Todos estos datos que tengas, tú tienes que darlos para generar confianza en el prospecto o a ese interesado en tu producto o servicio. Tienen que ser datos verdaderos, no inventados, y lo que tú buscas es solidez y dar

confianza a esos interesados para que más rápido se animen a comprar tu producto o servicio.

Otro punto (que ya se ha tratado) es definir *Tu Mercado Meta*, tienes que saber y dominar esto para cuando se lo cuentes a tus amigos o familiares puedas enfocarlos a que transmitan el mensaje a esas personas que tú buscas. Esto es importante porque hay que enfocar muy bien los recursos, y si tú ya les dijiste el porqué eres único, ya les diste tus datos de credibilidad pero no les dijiste quienes son tus posibles compradores, ellos te van a mandar un mundo de gente y tal vez sólo unos pocos te compren. Entonces, para ahorrarte eso, diles a qué tipo de mercado estás buscando.

Siempre que la gente te pregunte o cuando tú vayas a decirles qué es lo que estás haciendo, asegúrate de comentarlo con un *Alto Entusiasmo*. Coméntaselo en un diálogo de manera ágil, no trates de tomar el micrófono y que calles a la otra persona, es un diálogo así propicias que ella o él te pregunte para que se lleven la mayor información de manera clara y se puedan convertir en tus promotores.

Siempre carga muchas tarjetas de presentación

Esto es útil cuando te encuentras a alguien, así le das tu tarjeta de presentación para que sepa dónde te puede contactar. Es muy importante que inviertas en unas BUENAS tarjetas de presentación y que tenga la congruencia marca-diseño de la que hemos hablado.

También si te hacen el comentario que tu diseño o tu producto o servicio se parece a alguna empresa, tú **no hables mal de los demás**, siempre tienes que hablar con ética y si te están comparando con alguien, tú tienes que dar datos de por qué eres diferente. No seas de los emprendedores que quieren defender a "capa y espada" su producto o servicio hablando mal de otros competidores.

Siempre aprende de cada entrevista o relación que tengas

Una vez definido tu speech y ya cuando lo pongas en práctica con las diferentes personas con las que te encuentras en el día a día, tienes que estar puliendo y estar muy atento a sus reacciones, viendo a ver si te entienden o cómo reaccionan ante ciertas palabras. Esto si tú lo practicas te va a permitir ser experto en tener en dos párrafos, a lo que se dedica tu negocio.

Siempre te tienes que preparar, para cuando te encuentres a alguien en un elevador o en un momento en el que tengas poco tiempo de hablar, las palabras salgan de manera automática. También tendrás que **prepararte para ir a citas**, y en esos casos te tienes que preparar aún más, no vayas a dar sólo tu Speech de Elevador ten mucha más información para que te veas como todo un profesional.

Al hablar de profesional, no es sólo lo que vayas a decir y ya. ¡NO! Tiene que ver con cómo te vistes y cómo le hablas a la gente, tienes que hablar como un ganador, un empresario, como alguien que esta honroso de lo que está haciendo. Siempre vístete bien, no importa tu edad, vístete de manera que te veas muy presentable y profesional, esto también da mucha credibilidad.

Historia de Éxito

Isabella 'Bella' Weems una joven emprendedora:

Todo empezó con el sueño que quería un auto usado. La **frustración de ese deseo puso en marcha** una cadena de acontecimientos que llevaron a la adolescente residente de Arizona a comenzar lo que hoy es una empresa multimillonaria.

Isabella tomó 350 dólares que había ganado y ahorrado ofreciendo sus servicios como niñera, y así inició en 2010 un negocio de venta de joyas. El dinero lo usó para ir a mayoristas y comprar los implementos con los que empezó a fabricar las joyas que posteriormente **vendería de todas las formas posibles**: a través de tiendas, organizando fiestas y vendiéndolas directamente.

El modelo de negocios bajo el cual funciona *Origami Owl* (el nombre de su empresa) combina un sistema multinivel con una estrategia consistente en fiestas privadas organizadas por diseñadoras independientes que como **anfitrionas reciben regalos, descuentos y un porcentaje de ganancias de las ventas realizadas**.

Origami Owl, en el año 2011 generó cerca de $280.000. Para el 2012 el crecimiento del negocio fue realmente interesante y los ingresos **alcanzaron los 24 millones de dólares**.

Claves para Ser Tu Jefe En 6 Meses

Todos estos puntos que te acabo de comentar, son importantes y son para prepararte. Estamos a cuatro meses de que abras tu negocio, entonces es importante empezar a decirle a toda persona con la que te encuentres qué estás haciendo, hacia dónde vas, en qué es único tu producto o servicio para que en su momento cuando los invites a tu negocio ellos estén enterados y sea mucho el interés que haya en tu producto o servicio.

CAPÍTULO XIII

Consolida tu establecimiento

"Todo lo que quieres en la vida esta fuera de tu zona de confort".

– Seth Godin, empresario considerado uno de los teóricos del marketing más importantes del siglo XXI.

Seguimos a cuatro meses de que inicies tu negocio. Y por eso te quiero compartir cierta información que debes tomar en cuenta para que puedas consolidar muy bien tu negocio.

Yo sé que ahorita existen muchos negocios que están basados 100% en internet y no requieren de un establecimiento físico. Sin embargo, tú necesitas tener un establecimiento físico para trabajar, por lo menos una oficina, esto en el caso que sea todo por internet.

Si tu negocio o servicio sí tiene que ver con una atención al público donde requieres un establecimiento físico. Sin duda debes de poner atención a lo que te voy a compartir.

Es muy importante subir el estándar de los negocios y emprendimientos para que realmente ganes la confianza del mercado, que rápidamente vayas teniendo recomendaciones y más ventas.

Ten un lugar digno

Asegúrate que el lugar en el que estarás o estás es un lugar en el que te sientes a gusto al llegar, un lugar en el que estás cómodo, que tiene un buen ambiente, que tiene bonitas condiciones, porque si no es así lo que pasará es que te vas a desanimar, no te vas a entusiasmar porque vas a ver todo maltratado, en malas condiciones o poco agradable. Asegúrate en la medida de tus posibilidades puedas tener un lugar digno, si no puedes pagar para que lo pinten ¡tú píntalo!

El espacio físico es el ambiente que va a contagiar a todos los que entren en contacto con tu negocio.

Siempre ordenado y limpio

Tanto tu oficina como tu establecimiento. *Todo comunica y todo vende,* entonces si tú tienes un lugar ordenado eso va a mandar un mensaje a tus clientes de que su pedido va a llegar bien, o que su producto está hecho en buenas condiciones.

No nada más va a ser el servicio lo que vende, todo tú, toda tu organización, todo tu establecimiento, tus tarjetas, tu página web, TODO está vendiendo. Por eso debes de ser muy precavido en cuidar todo lo que ese mercado o clientes van a ver.

Que transmita la esencia y confiabilidad de tu negocio

Tu establecimiento se tiene que ver como un lugar seguro, un lugar donde se invirtió, un lugar que transmita que no vas a quedar mal, un lugar que muestre que vas a estar ahí por mucho tiempo. Si tú comunicas en la esencia de tu negocio esta credibilidad, no vas a tener un problema de desconfianza en tu producto o servicio.

Que sea atractivo para los clientes

Tal vez tú, tus estándares y tu contexto crean que está bien lo que rentaste, pero a lo mejor eso que tú crees que se ve bien el mercado lo va a ver mal. Tú de acuerdo a tus medios podrás decir que el espacio es muy decente y atractivo para los clientes, pero debes salirte de tu contexto y ponerte los zapatos del cliente y ver desde afuera tu negocio, tu página web, tu oficina para que te asegures que realmente es atractivo.

Puedes hacer pruebas, con amigos que sepan del diseño o que sean muy dados a la moda, para que te digan qué te recomiendan hacer para que tu establecimiento se vea muy atractivo.

Que tenga donde estacionarse

Si va a ser un establecimiento físico, es muy importante asegurarse de esto. Porque si no tienes estacionamiento, todo lo anterior podrá estar espectacular, pero la gente no va a llegar porque no puede estacionarse y no quiere dejar sus carros lejos o pagar un estacionamiento.

Si todavía estás a tiempo asegúrate que tu lugar tenga algún espacio donde estacionarse, por lo menos dos cajones. Para que no tengas problemas en la afluencia de clientes.

Todo lo que se use permita trabajar cómodamente

Esto es para ti y para tu personal. Invierte en buenas sillas, en un buen escritorio, en luces, en buenas computadoras, lo que tú tienes que asegurar es la seguridad y salud de tus colaboradores.

No improvises, al inicio es cuando gastamos y si gastamos bien, no vas a volver a gastar. Pero si luego inicias con el paradigma de muchos emprendedores que primero van gastando de poquito en poquito y van poniendo las cosas a medias, toda la vida van a estar gastando porque ya se acostumbraron a no *invertir*.

Yo soy del punto de vista que nos conviene **invertir bien** para que tengamos cosas de calidad, que nos permitan trabajar de manera segura, de manera cómoda y de manera productiva. No dejes de lado esta parte que es muy importante.

Los colaboradores tienen un lugar digno arriba del promedio para trabajar eficientemente

Muchas veces pasa que como emprendedores, sólo nos termina importando lo que el cliente ve y ya lo de adentro no tanto. Al principio te puede ocurrir eso, pero si desde el inicio puedes poner la misma imagen que ve el cliente ponerla en el interior de tu negocio o empresa. Esto va a dar congruencia, y hará que tus colaboradores se sientan en un lugar atractivo.

Esta falta de congruencia puede comunicar que tienes un producto o servicio de calidad pero si ves hacia adentro realmente no hay nada de eso que estás diciendo pues tu establecimiento no comunica lo mismo que tu producto o servicio. Por favor **busca la congruencia** en medida a tú presupuesto, y procura que tanto el frente como la parte trasera de tu establecimiento, tengan las mejores condiciones para que todo sea hecho correctamente y con armonía.

Historia de Éxito

Una noche en Holiday Inn:

Kemmons Wilson nació en Osceola, Arkansas, a los nueve meses de haber nacido perdió a su papá. Su mamá y él tuvieron que trasladarse a Mephis, Tennessee, donde fue criado únicamente por su madre.

Los hoteles Holiday Inn comenzaron en Memphis en 1952 como la idea del constructor de casas, **la idea inició como hoteles de paso o**

moteles. Wilson concibió su idea después de viajar a Washington D.C con su familia y batallar por encontrar un lugar accesible y cómodo para quedarse.

Un año después en 1953, estaban construyendo sus primeros tres hoteles en las carreteras de EUA. Para 1956 ya había 23 hoteles, un año después Wilson **decide volver franquicia su idea** y crea la cadena de hoteles Holiday Inn of America.

Después de eso la empresa **creció sorprendentemente rápido** y para 1968 ya estaban abriendo su 1000° hotel. Hoy en día es una de las cadenas de hotel más grande del mundo con 435,299 habitaciones en 3,463 hoteles alrededor del mundo.

Claves para Ser Tu Jefe En 6 Meses

De la misma manera que la forma en la que te vistes representa tu higiene y cuidado como persona, el tener un establecimiento limpio y presentable representa a tu negocio y toda tu compañía, de ahí la necesidad de considerar la presentación y buena forma de tu establecimiento. No descuides ningún detalle, al principio posiblemente no puedas invertir en todo lo que quieres, pero poco a poco ve haciendo grandes inversiones en lugar de pequeñas e inútiles inversiones.

CAPÍTULO XIV

Crea un negocio productivo

"Siempre entrega más de lo esperado".

–Larry Page, creador y CEO de Google Inc.

Vamos a tratar algunos elementos, para asegurarnos que desde el inicio tu negocio es productivo. Estas herramientas que vamos a ver son muy importantes, no las vayas a tomar en cuenta nada más al inicio de tu negocio sino a lo largo de toda la vida de tu negocio, porque luego la costumbre, el crecimiento y el ingreso de nueva gente hace que se diluyan este tipo de prácticas que son fundamentales.

Estas herramientas tienen que ver con algo que se llama desperdicio y valor agregado. Nosotros hemos asesorados a varias organizaciones para ayudarlas a ser competitivas, muchas veces las organizaciones no son competitivas porque nacieron con este tipo de desperdicios o ineficiencias, y se acostumbraron a tenerlos pero lo que hacen estos desperdicios es "comerse" las utilidades y rentabilidad de tu negocio.

Esta es la importancia de observar tus procesos, el negocio desde antes de establecerlo o si ya está establecido empezar lo antes posible, para no cometer ninguno de los errores que voy a comentarte.

Estos desperdicios vienen de la filosofía de Lean Manufacturing y no están relacionados nada más con manufactura o con fábricas, también aplican a oficinas porque todos los procesos tienen actividades pero muchas de estas actividades que se llevan a cabo en los procesos son este tipo de desperdicios que vamos a tratar.

Los 7 desperdicios que debes eliminar en tu emprendimiento

Desperdicio de espera

Muchas veces la gente espera a que le lleven un producto, a que le lleven información, a que el proveedor le lleve algún material o están esperando simplemente a que el jefe les autorice algo. La gente se acostumbra a esperar, siendo éste uno de los peores desperdicios que hay porque agregan tiempo de respuesta a TUS PROCESOS, sean administrativos o productivos.

Si tú tienes tiempos largos de respuesta para tus clientes, vas a tener muchos problemas con la satisfacción del cliente porque no le vas a entregar a tiempo. Es por eso que para evitar el desperdicio de espera, debes observar en qué parte de tus procesos hay gente esperando, ya sea por algo físico o información. Una vez que hayas identificado esto, tienes que ver por qué está esperando e inmediatamente poner acciones contundentes. A ti no te conviene que la gente esté esperando ya que se agrega costo a tu proceso y estos tendrán un tiempo de respuesta largo.

Desperdicio de sobreproducción

A veces la gente piensa que cuando una máquina no está fallando debe comenzar a sacar más material, esto no es tan buena idea, porque si esto sucede se va a ir a un almacén de producto terminado y no vas a tener a quien vendérselo si no has tenido el pedido.

La sobreproducción es algo que se produce pero que nadie va a necesitar. Muchas veces en procesos administrativos se sobre producen reportes, información o formatos y todo el mundo hace esto pero al final para nadie es importante.

Evita tener formatos redundantes o repetitivos, asegúrate de tener políticas claras de que nadie debe producir algo, si no tiene un pedido o si no tiene la autorización de otra persona. Todo lo que sobre produce tiene un costo para la organización.

Desconozco cuál es tu producto o servicio, pero hay productos que son perecederos o que duran sólo una temporada de moda, y si se produce mucho y no se venden, se convertirá en dinero desperdiciado. Por favor observa lo más pronto que puedas y no te metas al juego de sobreproducir información o producto.

Todo lo que vayas a producir debe ser porque ya tienes pedido, ya tienes cliente o ya está pagado. Si no tienes ninguna de estas condiciones mejor no sobre produzcas, es mejor tener la planta parada o a la gente sin hacer nada a estar desperdiciando y tirando el dinero.

Desperdicio de inventario

Cuando alguien está produciendo algo que no se necesita (sobreproducción), se va a un almacén de producto terminado y esto va a tener que inventariarse, si no tienes el suficiente mercado puede llegar el momento en que se vuelva obsoleto y que ya no lo puedas vender, ¡todo esto es costo para ti!

También si tu negocio tiene que ver con servicios, y se sobre produce información, también esto te genera un costo porque puedes tener gente que esté sobre inventariando reportes, información, capturas que no sean necesarias y que al final no enfocan a la gente en una actividad importante.

Es importante que no se te hagan inventarios en un escritorio o estación de trabajo, porque los inventarios son costos y dinero que están parados en la organización impidiendo tener un flujo de efectivo positivo.

Cuando nosotros hemos llegado a negocios establecidos, observamos que la gente se acostumbró a tener inventarios en cada estación de trabajo dejando a la empresa sin dinero. Claro que la empresa no va a tener dinero porque no es eficiente y tiene todo el dinero estacionado en esos inventarios.

Desperdicio de transportación

Tu oficina y tu fábrica DEBEN de tener los menos movimientos posibles. El producto que vayas a producir debe tener un flujo continuo, que no esté moviéndose de estación en estación o de piso en piso, que no esté "de aquí para allá". Tiene que tener un proceso lógico, un proceso de flujo continuo para que elimines todos los desperdicios de transportación.

Si no tienes un flujo lógico de producción o de administración, resulta que vas a incurrir en otro desperdicio, que es el:

Desperdicio de Movimiento.

Tienes personas que se están moviendo en la fábrica o en la oficina y al termino del día se la pasaron caminando de un lado a otro pero sin haber producido nada.

Este desperdicio de movimiento es muy grave, porque significa que le estás pagando a la gente para que camine o que esté buscando debido a la desorganización que tienes. Si la gente constantemente tiene que estar buscando, es lógico saber que tuvieron que dejar de hacer su trabajo para ponerse a buscar, por eso es crucial que elimines el desperdicio de movimiento para hacerte más productivo.

Desperdicio de sobreproceso

Asegúrate que en tus procesos de oficina o de fábrica, todas las revisiones estén a la **entrada del proceso,** antes de pasar de un proceso a otro debe de haber un candado. No los pongas al final ni en medio, esto te ahorrará que tengas que pagar inspectores de proceso porque desde el inicio de cualquier proceso el producto estará entrando tal y como debe de entrar.

Esta es otra parte que consume muchísimo de la utilidad de las empresas, si no se controla. Tú tienes que entrenar a la gente para que sea capaz de hacer *bien* ese proceso, y no tener que poner gente que esté validando cada parte del proceso.

Créemelo que es cultura organizacional, que si alguien hace las cosas mal se le pone un inspector para que haga las cosas bien, pero esta no es una buena solución porque vas a terminar teniendo muchos inspectores que también pueden pasar errores. La solución a los desperdicios de sobreproceso, es asegurarte que la gente esté bien entrenada, que tenga la capacidad y capacitación necesaria y que los candados de revisión o políticas de los procesos estén al inicio del proceso.

Desperdicio de corrección

Esto se da cuando las cosas salen mal, no tienes gente entrenada y decides poner a otra persona para que corrija lo que no se hizo a la primera. Tu gente tiene que hacer las cosas

bien y a la primera, esto tienes que implementarlo desde el nacimiento de tu negocio.

Si al inicio las cosas no salen bien y tienes muchos desperdicios de corrección tanto en producto o con información, es necesario que no se acostumbren a esto. Una vez que salió una corrección, ésta debe ser eliminada de raíz para que esto ya no vuelva a suceder y no se convierta en una costumbre.

Historia de Éxito

Los bloquecitos de LEGO:

El 28 de enero de 1918, Ole Kirk Kistiansen abrió un negocio de carpintería, ganándose la vida construyendo casas y muebles para granjeros de la región.

Su taller se quemó en 1924. Kristiansen **tomó el desastre como la oportunidad de construir un taller mayor**, y se dedicó a ampliar su negocio. Intentando encontrar formas de **minimizar sus costos de producción**, Kristiansen comenzó a producir versiones en miniatura de sus productos como ayuda de diseño. De estos pequeños diseños surgió la idea de producir juguetes.

Más tarde, Kristiansen se hizo consciente de la necesidad de otorgarle una identidad a su compañía, **a fin de conseguir mejores resultados en las ventas**, dado que no iban muy bien las ventas. Fue así que eligió las primeras dos letras de las palabras danesas *leg* y *godt*, que significan «jugar bien», dando como resultado la palabra «lego».

Kristiansen encontró un pequeño bloque de plástico producido por una máquina moldeadora. El potencial que vió en las figuras de plástico, **lo motivó a adquirir dicha tecnología**. Aunque no abandonó la producción de madera (que de hecho continuaría hasta 1960), la llegada de la máquina moldeadora de plástico significó un gran avance para la empresa.

Entre 1947 y 1955, Lego produjo más de 200 modelos de juguetes que tuvieron buena aceptación. En 1949, se comenzaron a hacer unos pequeños bloques de plástico **lanzados al mercado como "Ladrillos de enlace automático"**

Desde su lanzamiento el sistema Lego había sido tan exitoso que había comenzado a exportarse primero a Suecia y posteriormente a Alemania. **El auge fue tal que en 1961, la compañía ya comenzaba a vender en Estados Unidos y Canadá.** Hoy en día es una empresa internacional que tiene acuerdos con varias franquicias para producir juguetes en base a éstas, además de tener parques temáticos en todo el mundo.

Claves para Ser Tu Jefe En 6 Meses

Ya sea que apenas vaya naciendo tu negocio o ya vayas avanzado en él, quiero que lo observes con estos nuevos ojos para que te asegures que este tipo de desperdicios no vivan en tu organización. Si dejas pasar estos desperdicios, se van a ir en ellos toda la utilidad de tu negocio.

No quiero que te pase lo que a muchos de mis clientes les ocurre que dicen que no venden porque son caros, pero son caros porque son muy ineficientes dentro de su empresa. Lo que yo quiero aportarte es que desde el inicio seas eficiente, sólo así podrás ganar dinero y dar el mejor servicio al mercado

CAPÍTULO XV

Asegura un negocio competitivo

"Un día mi abuelo me dijo que hay dos tipos de personas: las que trabajan, y las que buscan el mérito. Me dijo que tratara de estar en el primer grupo: hay menos competencia ahí".

– Indira Gandhi, política y pieza clave en la Independencia de la India.

En este capítulo te voy a dar una clave que te va a ahorrar muchísimos problemas en tu organización, te ayudaré a como desde el inicio nos vamos a asegurar a que sea un *negocio competitivo*. Con competitivo estamos hablando de que tenga un precio atractivo, que sea eficiente hacia el interior, que tenga las ganancias que esperas, que las cosas se hagan bien y a la primera.

Es muy lamentable, cuando hemos tenido la oportunidad de asesorar diferentes negocios, que estén en grandes problemas por falta de competitividad porque tienen una cultura organizacional ineficiente.

Es muy bonita la etapa que estás comenzando con este emprendimiento, porque estás teniendo acceso a muchas claves y que desde el inicio tu organización o negocio nacerá con esto.

Mantente en Transformación

Vamos revisando esto paso a paso, en una organización, negocio o empresa siempre van a haber procesos o departamentos encargados de hacer partes del producto o servicio que tú entregas. Estos procesos tienen diferentes actividades, estas actividades las podemos dividir en dos: de desperdicios y de transformación.

Las actividades que transforman, es por lo que te paga el cliente, él va a pagar por todas las operaciones o procesos que hacen que el producto o servicio le llegue. Él no va a pagar actividades de no-transformación ni de desperdicio, como correcciones de calidad, sobreprocesos o tiempos de espera, eso al cliente no le interesa.

Debes considerar que la mayor cantidad de procesos y operaciones tengan muchas actividades de transformación. Esto te va a gustar mucho, porque si desde el inicio diseñas tus procesos para que siempre tengan actividades de transformación, tú vas a poder trabajar con un menor número de personas y costos bajos.

Si tú haces actividades que son desperdicio no estarás transformando

Cuando hay procesos con muchas actividades de desperdicio, tú vas a requerir más y más gente porque no terminas de producir lo que necesitas. Pero si cambias la lógica y desde el inicio diseñas procesos que sean eficientes y que sólo requieran de dos o tres personas, tus colaboradores van a ir aprendiendo y acostumbrándose a hacer las cosas bien y a la primera.

Todo lo que son actividades de transformación tiene que ver cuando algo se está alterando. Por ejemplo, en un negocio que hace blusas, al momento de cortar la tela de acuerdo al diseño de la blusa es cuando estoy haciendo una transformación o cuando paso la tela para que se le vaya haciendo un pespunte. Ese clase transformaciones son las que nos interesan.

Lo que no tenga que ver con transformaciones son actividades de desperdicio y son cosas por las que el cliente no te va a pagar.

Normalmente 9 de cada 10 minutos es no-transformación y eso cuesta

De 10 minutos que tú tienes de una actividad o proceso, ¡solamente 1 minuto es transformación! Los otros 9 minutos tienen que ver con desperdicio o no-transformación y es ahí donde se van las utilidades de cualquier negocio.

Asegúrate de saber si la actividad que estés haciendo tú o un colaborador transforma el producto o servicio, si no está transformando tienes que eliminarla o reducirle el tiempo. Si te acostumbras a las actividades de desperdicio nunca va a haber dinero que te alcance para todo el personal que vas a tener que estar contratando.

Las grandes franquicias DOMINAN y llevan a cabo este pensamiento de enfocarse a actividades de transformación

Las franquicias se ocupan de que sus *procesos sean esbeltos,* estén manejados por personas comunes y que todo esté documentado. Cada vez que tienen cambio de personal esa nueva persona llega y sigue haciendo las cosas de la misma manera, de lo que se encarga una franquicia es que la gente que contrata se encargue de hacer una actividad de transformación.

Las franquicias JAMÁS van a contratar a alguien que esté corrigiendo o re-trabajando las cosas que alguien más hizo. A diferencia de una empresa que es lo que normalmente hace.

Si tienes muchas actividades de desperdicio o de no-transformación vas a estar tirando el dinero y no te va a quedar dinero para invertir.

Asegúrate que estos dos últimos capítulos que vimos (desperdicios y de valor agregado), los apliques, si puedes aprender más qué mejor. Quiero que lo entiendas, porque deseo que desde el inicio tu negocio tenga ganancias y le vaya espectacularmente bien.

Historia de Éxito

Perry Ellis:

Perry Edwin Ellis nació Portsmouth, Virginia (EUA), hijo único. Estudió Administración de Empresas.

En 1963, **comenzó a trabajar como comprador en la tienda departamental** Miller & Rohads. Tiempo después logró entrar a John Meyer compañía de Ropa Deportiva en NY.

Luego en 1970 trabajó para The Vera Companies, **donde comenzó su pasión por la moda** y un día le pidieron diseñar una colección de moda. Para 1976 ya había presentado su primera colección de ropa deportiva para damas: PORTFOLIO.

Aunque **no sabía bocetear sabía exactamente cómo trabaja** la industria de la moda y lo demostró a través de ideas con el estilo innovador clásico que las mujeres americanas buscaban. Y fue en 1978 cuando fundó su propia compañía con The Vera Companies: Perry Ellis International.

Después innovó en moda masculina y poco a poco introdujo, zapatos, accesorios, ropa de piel y perfumes, todos bajo su propio nombre. Desde entonces, **la marca es mundialmente conocida** principalmente por la ropa, aunque las fragancias también tienen mucha aceptación.

Claves para Ser Tu Jefe En 6 Meses

Haz el esfuerzo consciente de que TODAS las actividades que tengas dentro de tu empresa, negocio o compañía, sean actividades de transformación, ya que estás son las únicas activadas que el cliente va a pagar; todas las demás cosas que hagas y no alteren de ninguna manera el producto o servicio es dinero que estás desperdiciando.

Ten una cultura organizacional como la que tienen las franquicias, que son capaces de cambiar todo su personal y seguir siendo eficientes porque tienen todo documentado y saben exactamente cómo hacer las cosas para no gastar tiempo ni recursos.

CAPÍTULO XVI

Establece tu equipo de trabajo

"No importa cuán brillante sea tu mente o estrategia, si estás jugando solo, siempre perderás ante un equipo".

– Reid Hoffman, creador de LinkedIn (red social utilizada para buscar empleo)

Ésta es la última parte ya que estamos "cuatro meses antes de la apertura", te voy a compartir **el pilar y engranaje de tu negocio**. Y este tiene que ver con hacer un equipo de trabajo exitoso, tú no vas a poder a hacer todo solo, seguramente necesitarás al menos 2 o 3 personas sino es que más.

Algo de lo que te debes asegurar, es que siempre incluyas a tu equipo de trabajo personas talentosa, personas que crean en ese sueño, en ese negocio para que se sumen y te sean de ayuda.

Recuerda que tienes una mentalidad de dueño, entonces tienes que involucrar gente que ayude a hacer las actividades administrativas y tú puedas hacer las labores de dueño.

Incorpora a gente que tenga una excelente actitud

Contrata gente que tenga entusiasmo, que crea en tu producto o servicio. A ti no te interesa contratar gente sólo por contratar, ni tampoco contratar gente para pagar un sueldo bajo, a ti te interesa traer la mejor gente a tu equipo.

No solamente tú vas a ser la empresa, todos lo que se vayan integrando lo van a ser y por eso es importante filtrar que tengan una excelente actitud, que tengan valores similares a los tuyos, gente que realmente quiera crecer contigo, yo recomiendo gente joven para que juntos vayan formando el negocio y lo sientan parte de ellos.

Incorpora gente inteligente

Gente que le vaya a aportar a este emprendimiento, gente proactiva. Por favor no vayas a contratar parásitos que nada más buscan un sueldo y no te ayudarán en nada. Contrata gente que sea competente, que tenga **habilidades diferentes a las tuyas** para que enriquezca a tu equipo y se vaya fortaleciendo.

Crea formatos de descripción de puestos

En este momento que inicies a contratar gente, asegúrate de tener formatos de descripción de puestos, qué es lo que tienen que cumplir, qué es lo que te van a entregar y cuáles resultados van a llegar. Esto se ve muy profesional, recuerda que tú quieres verte como un empresario no como emprendedor que está probando las cosas.

Previo a que vayas a contratar gente, dedica un espacio de tu tiempo a documentar lo que van a hacer. Si aplican políticas de una vez ponlas sobre papel y sobre la mesa, si requieren de ciertos formatos o ciertas capturas en la computadora este es el momento.

Todo tiene que estar listo, para cuando la gente entre tú te veas muy profesional, y transmitas esa imagen, teniendo todo listo también tú vas a poder mostrarle cuál es su puesto y su descripción, qué es lo que va a tener que hacer. Asegúrate de siempre decirle a cada persona que entre a tu organización cuál es el resultado *esperado*.

Sé lento para contratar y rápido para despedir

Te tienes que tomar un tiempo, no te tienes que avorazar todavía aún tienes cuatro meses, pero sí tienes que ser muy preciso en contratar lento y despedir rápido.

Tú puedes contratar a la gente y mencionarles que va a estar a un mes de prueba, ahí no tienes ninguna obligación laboral o legal porque ambos saben que es un mes de prueba. Una vez que pasa el tiempo y la persona cumple el perfil que buscas y está dando lo que tú esperabas se queda. Pero si es alguien que no trabaja y ya viste en este periodo que no funcionó inmediatamente despide a esa persona.

Siempre hay opciones, así que tú debes de tener una cartera de candidatos para que no te duela ni te cueste despedir a alguien si no va a cumplir con tus metas.

Capacita al personal para que haga bien lo que esperas que haga

Ten muy en cuenta que tienes que capacitar a tu personal, una vez que se vaya integrando. Dales una inducción de cómo nació el negocio, conócelos y déjalos que te conozcan, compárteles cuál es tu visión y ve de una manera muy formal el entrenamiento que les vas a dar.

No se vale que entre la gente, le digas que va a hacer y ya los dejes a su suerte. ¡No! Tienes que ser un profesional, los tienes que capacitar, les tienes que certificar en que ellos sean capaces de hacer la actividad que tú les designas.

Si tú dedicas un tiempo importante al inicio para capacitar, para certificar a tu personal, te va a ahorrar muchísimos dolores de cabeza y tiempo. Sé ese tipo de persona que siempre capacita y que siempre está preocupado porque su gente documente y dé mejoras a los procesos.

Dale las herramientas correctas y completas

Dale esto para que hagan excelente su trabajo, podrás tener todo muy estructurado pero si no les das las herramientas cómo van a hacer las cosas. Tienes que asegurar que cuando entre tu personal, si va a usar una computadora ya esté o si va a ser un vendedor que ya tengas las tarjetas de presentación, esto además te va ahorrar tiempo.

Si no tienes todo listo vas a empezar a pagar una nómina que no va a estar produciendo ganancias, por estar esperando a que tú tengas las herramientas listas para empezar a trabajar. Haz un plan de todo lo que se necesita tener, en cuanto a herramientas, a equipo de trabajo, para garantizar que una vez que entre la gente ya esté todo listo. No improvises.

Si tiene bajo desempeño vuelve a capacitar y mide

Siempre ten la política y también tenlo en tu mente: si alguien tiene un bajo desempeño a lo largo del tiempo, le des la oportunidad, le des retroalimentación, lo vuelvas a capacitar y de nuevo empieces a monitorear su desempeño. Si esta persona sigue de esta manera, con bajo desempeño ya no queda de otra tienes que sacarlo de tu organización.

Si hay personas que están causando conflictos descubre el porqué del conflicto o despídelos. Tú estás en una etapa de nacimiento, en donde el negocio todavía no camina por sí mismo, entonces tienes que cuidar lo que está entrando a tu organización y le permita consolidarse y le dé solidez.

No aceptes bajo desempeño

No te relajes, no aceptes un bajo desempeño delante de la gente, porque si vas aceptando bajos desempeños se hunden todos: tú, tus colaboradores y el negocio. Ten siempre excelencia en el trabajo y un alto estándar desde el inicio, así tu negocio será altamente reconocido por hacer las cosas a un nivel de excelencia.

Asegúrate de **no involucrarte en los problemas personales** de tu personal. Habrán personas dentro de tu equipo que saben delimitar las cosas que deben y no contar pero también te tocará gente que no encuentra esta diferencia. Si tú eres una persona que se involucra, llegará el momento donde estarás más preocupado por tu personal que por el negocio.

Si hay alguna situación de crisis en donde puedas apoyar, ayuda, pero si también la persona no quiere tú no tienes porqué estar insistiendo. Estamos trabajando con seres humanos y es muy bonito tener una relación con el personal, pero también si el personal no quiere ese involucramiento no tienes que estar insistiendo.

Ayuda en lo que puedas o si es una situación de alto riesgo, sí intenta apoyar un poco más pero si no es así deja que la persona aprenda. Podrás tener un diálogo con esa persona de qué notas con ella o él, pero al final esa persona sabrá que hacer.

Crea un Código de Honor Interno

Esto es un reglamento interno, deja las normas claras de cómo quieres que tu equipo se comporte y cómo quieres que se lleven entre ellos. También añade qué quieres que pase y que cosas no quieres que pasen.

El Código de Honor cuando nace desde el inicio y conforme todas las personas que van entrando a tu organización lo conocen se vuelve un estilo de vida y un comportamiento. Define muy bien esas normas y ese reglamento que quieres para tu negocio u oficina.

Una vez que entre el personal dale la seriedad que merece a ese código para que se los compartas. Y una vez que se los compartas haz que te firmen de enterados y cada 6 meses o cada año vuelve a retomar el punto de Código de Honor para que siempre esté presente en tus colaboradores y ellos sepan qué esperas de ellos.

Historia de Éxito

Elon Musk, niño prodigio:

Musk compró su primer ordenador, cuando tenía 10 años y aprendió a programar por su cuenta. Vendió su primer programa, por el equivalente a 500 dólares cuando tenía apenas 12 años. El dinero que ganaba programando lo gastaba en cómics, ordenadores y programas de juegos.

Después de graduarse en la Secundaria para varones de Pretoria se fue de su casa cuando tenía 17 años, sin el apoyo de sus padres, **debido al servicio militar obligatorio** en el ejército sudafricano.

Su padre le dijo que no le pagaría la universidad salvo que ésta estuviera en Sudáfrica. En 1992 obtuvo una beca para estudiar en la Universidad de Pensilvania.

Tras la complicada labor de obtener sus licenciaturas (completó dos en sus años de la universidad), e inspirado por innovadores como Nikola Tesla, Musk **decidió entrar en tres áreas que el consideraba que eran «problemas importantes»**, como luego indicaría él mismo:

«Una de ellas era el Internet, otra la energía renovable y la otra era el espacio».

Es conocido por ser el co-fundador de PayPal, SpaceX y Tesla Motors. Actualmente es el director ejecutivo y CTO de SpaceX, director ejecutivo de Tesla Motors y Presidente de SolarCity. En pocas palabras es alguien involucrado y que **lidera proyectos súper vanguardistas que están definiendo el paso hacia el futuro.**

Claves para Ser Tu Jefe En 6 Meses

Esto que te comenté no se tiene que hacer al inicio de tu negocio, es algo que tiene que ser constante. A lo largo de tu trabajo vas a estar capacitando y revisando el Código de Honor, también vas a tener que retroalimentar a la gente en cuanto a su desempeño. No lo hagas nada más al inicio ni dejes a la gente a su suerte. Todo esto que vimos son los elementos básicos que debes empezar a manejar con todo colaborador que vaya formando parte de tu equipo.

CAPÍTULO XVII

Tres meses antes

"Olvida los errores del pasado. Olvida los fracasos. Olvídalo todo excepto aquello que vas a hacer ahora, y hazlo".

– William Durant, fundador de General Motors Company

Ya vamos a abordar lo que hay que hacer tres meses antes de empezar ese negocio u oficina que tú quieres. Debes llevar paso a paso o cada uno de los puntos y si todavía te falta algo de los puntos que hemos visto, no los vayas a dejar así porque es tu futuro, mejor asegúrate de tener todos los puntos que hemos venido tratando.

La intención es que cuando abras ese negocio tengas la mayor cantidad de elementos ya cuidados e implementados, para que te vaya estupendamente bien.

Establece sistemas de servicio al cliente

A mí desde muy temprana edad me quedó claro que cualquier cliente en cualquier negocio es el jefe, es el rey y que sin clientes no podemos tener un negocio prospero que siga creciendo y expandiéndose.

Un error muy común que comenten los emprendedores y uno que otro empresario, es querer vender y creer que al entregar el servicio o producto ahí ya se acabó todo y eso es un pésimo error que lleva a la bancarrota los negocios.

La relación que inicias con el cliente al momento que te compra por primera vez, tiene que derivar en un servicio de postventa para siempre estar en continuo contacto con ellos. Cuando digo continuo no es molestar ni tampoco que estés fastidiándolos, sino definir desde ahorita cuáles son esos pasos que vas a seguir para asegurarte que vas a brindar la mejor experiencia a ese cliente o a ese usuario de tu producto o servicio.

Todo debe de girar en torno a garantizar la completa satisfacción del cliente

Toda la gente que trabaja en tu empresa debe estar preocupada y ocupada de garantizar esa excelente experiencia. No nada más los de ventas o tú son los que tienen la consciencia de que el cliente es el jefe, TODAS las personas deben estar ocupadas por brindar siempre la mejor experiencia.

Disney es un buen ejemplo, porque dentro de su filosofía de trabajo, tienen la idea que todos los colaboradores tienen orejas, pero orejas grandotas. Los colaboradores deben de estar escuchando todo lo que dicen los invitados para siempre estar mejorando esa experiencia, ellos quieren ser los mejores en servicio al cliente.

Este es un ejemplo del que te recomiendo aprender, esa es la filosofía que cualquier negocio deben de tener. Todos los colaboradores deben de estar atentos, despiertos y escuchando todo lo que diga ese cliente en pro de mejorar el negocio. Puede ser un cliente quejoso que esté diciendo cualquier cosa, pero al final puedes encontrar ahí un área de oportunidad que nadie esté viendo.

Si tú no aprovechas esas áreas de oportunidad perderás una gran oportunidad de mejorar el negocio.

¿Cómo obtendrás muchos nuevos clientes?

Qué experiencia vas a brindar para que ellos estén encantados con ese producto o servicio.

Te voy a compartir algo de mi negocio, cuando nosotros decidimos hacer cursos abiertos donde viniera gente de diferentes sectores y diferentes ciudades, nosotros nos pusimos a diseñar *antes* del curso la experiencia que iban a tener. Nosotros nos hicimos la pregunta de cómo vamos a obtener muchos clientes y lo que acordamos fue que cada persona que viniera a un taller nuestro, iba a tener una excelente experiencia y siempre iba a tener en su mente ese curso o cualquier curso que tomara con nosotros. ESO fue lo que nos permitió tener un diferencial con los competidores.

Cuando nosotros nos hicimos esa pregunta, nuestra respuesta estuvo en que íbamos a dar la mejor calidad en todo, en alimentos, en materiales, en la bienvenida, en la despedida, etc. Gracias a esa pregunta diseñamos toda una serie de acciones que implementamos y tuvimos un gran acierto. Hoy te puedo asegurar que nosotros tenemos un índice de recompra de más del 70% con los clientes que van a un taller abierto, porque quedan encantados.

Ese es el reto para ti, que diseñes cómo vas a obtener muchos más clientes y tienes que describir todo lo que harás. Deja volar la imaginación, no te limites por falta de dinero, por falta de clientes no te preocupes de eso, ocúpate de cómo harás mejor esa experiencia para tener muchos, muchos, muchos clientes.

¿Cómo les garantizarás que sus productos o servicios les llegarán a tiempo, bien hechos y completos?

Ten una garantía de satisfacción, a muchas empresas no les gusta poner eso porque no les gusta comprometerse. Seamos de las personas que sí nos gusta comprometernos porque queremos empresas de excelencia.

Te voy a dar el reto, para que pienses qué es lo que tienes que hacer para implementar alguna póliza de garantía o una póliza de satisfacción al cliente o algo que te ayude a llegar de una manera agresiva al mercado, que permita que el cliente confíe en ti y te den la oportunidad de aceptar ese producto o servicio.

Recuerdo que durante mucho tiempo quise poner la garantía de satisfacción a mis cursos, si no quedabas satisfecho te devolvía tu dinero. Me acuerdo que Gustavo (mi socio) me decía que no era buena idea, porque podía haber quien nos quisiera ver la cara y le hice caso.

Tardé dos años en poner la garantía de satisfacción, y fue cuando veía los testimonios, veía a la gente de cómo salía de los cursos y que luego volvían. Fue cuando nos decidimos a poner la garantía de satisfacción y es por eso que ahora todos nuestros cursos presenciales tienen garantía de satisfacción, si no recibes lo que yo te digo te regreso tu dinero. Hasta el momento en nueve años que lleva implementada la política ¡nunca he tenido que devolver ni un peso!, ¿Por qué?, Porque me aseguré de que siempre íbamos a estar haciendo las cosas bien y a la primera.

Para que tú puedas llegar a estos estándares que te menciono, tienes que responder a esta pregunta poniendo todas las cosas que hagan falta, para garantizar que siempre vas a dar una buena experiencia.

Nace con esta visión de que siempre serás una empresa que cumple, claro no todo saldrá perfecto pero si algo llegara a salir mal avísale al mercado con tiempo. No te conviene ser una empresa que entrega tarde, es lamentable y da pena decirlo pero la mayoría de las empresas no entregan a tiempo, y mucho menos acostumbres a tus clientes a eso.

Si tú entiendes de esto que te estoy diciendo y eres de esas personas que quieren y buscan la excelencia, sería muy bueno que te enfocaras a garantizar las entregas a tiempo. Con entregas a tiempo y en forma, el mercado va a enamorarse y estará encantado con lo que haces.

¿Qué promesas les podrás hacer a tus clientes?

Desde antes de que abras el negocio, ahorita que estás con calma. Es de suma importancia que inicies a investigar que sí les puedes cumplir y que no. No te avoraces tratando de cumplir mil cosas, ve cuáles cosas son atractivas para ellos y empieza probándolas con ese mercado, a ver qué tal responden a esas promesas que quieres hacer. Si son promesas que no les interesan, son promesas que no sirven.

Tú tienes que buscar promesas que a tus clientes les interesen y que a ellos los haga estar más contentos con ese producto o servicio.

Dentro de esta pregunta, viene una pregunta que va a necesitar mucha de tu honestidad y es: **¿Qué promesas NO les podrás hacer a tus clientes?**

Tienes que dejar muy en claro lo que Sí y lo que No. Pero tienes que dejarlo muy en claro no sólo para ti, sino también para tus colaboradores. Todo debe de estar por escrito, para evitar problemas y no entren en complejidades.

Esto es algo que debes añadir al entrenamiento de tu gente, que tengas gente facultada que sepa qué cosas sí pueden prometer y qué cosas no. Es pésimo cuando llegas a un mostrador pides algo a quien te atiende y te responde con un "Perdón, yo no lo puedo resolver" y a parte te dejan esperando. Que no te pase eso a ti en esos momentos, déjale bien claro a tu gente qué promesas sí pueden hacer y qué promesas no pueden hacer.

Las promesas que no pueden hacer les tienen que quedar muy claras, para que no te hagan incurrir en costos, quejas o clientes insatisfechos.

¿Cómo le darás seguimiento a los pedidos del cliente?

Qué es lo que harás, tendrás una bitácora, una agenda, un sistema, un mecanismo para hablarles, lo que sea y lo que se te ocurra pero tienes que dejarlo definido desde ahorita.

Si es de pedido, que te hacen la compra tú lo manufacturas y después haces la entrega, debes definir si el mecanismo será, por ejemplo vía correo. Si tu caso no es de pedido, es importante que de igual manera definas qué seguimiento le vas a dar a tu cliente y más si tu producto o servicio es de recompra.

¿Cómo mantendrás la relación en el futuro con tus clientes?

Es decir, tienes que pensar cómo te vas a asegurar de llegar a la lealtad de los clientes. En esta parte te voy a dar un tip: te recomiendo que observes qué hacen las grandes marcas en relación a cómo mantienen sus clientes, cómo los consienten, qué privilegios les dan; tú puedes implementar parte de estas cosas porque a ti te interesa tener clientes seguros, clientes leales a tu marca.

Puedes enlistar todas las ideas que te lleguen a tu mente, de cómo vas a tener enamorado y encantado a ese mercado. Por ejemplo, aquí en México hay una cadena tiendas que se llama Liverpool y ellos empezaron a adoptar los llamados "monederos electrónicos". Estos monederos electrónicos funcionan a través de las compras que realizas, por cada compra te van dando dinero que después puedes gastar con ellos.

Te doy ese ejemplo, porque muchas veces la solución de mantener una relación positiva con el cliente, puede que no esté en tu sector, tienes que buscar ideas de otros sectores que te ayuden a generar esta experiencia de cómo vas a mantener satisfechos y contentos a tus clientes.

¿Cómo tus clientes te podrán recordar?

A ti te interesa ser el primero en la mente del cliente, ser el "first in mind" el primero en su mente. Tú debes de asegurarte que cuando alguien pida una recomendación o una referencia de tu producto o servicio, a la mente venga tu empresa o negocio.

Para lograr este alto estándar, tienes que hacer muchas cosas para asegurar eso. Obvio si tú entregas un producto bien y a tiempo te van a recordar, si tú das un servicio postventa extraordinario ya ganaste puntuación y te recordarán.

Imagina que implementas acciones, como mandar un e-mail el día de su cumpleaños o dar un descuento ¡bum! Más puntaje. Aquí el punto es que empieces a poner diferentes actividades dentro del proceso de servicio al cliente porque te interesa que SIEMPRE te estén recordando.

En alguna ocasión leí que la agencia de autos de lujo Porsche, tienen un elemento de recordatorio que les permite estar constante en la mente de sus clientes. Normalmente la mayoría de sus clientes son hombres, entonces Porsche se toma el tiempo de obtener la fecha de cumpleaños de la esposa de su comprador, así cada vez que es el cumpleaños de la esposa le mandan a ella una rosa.

Esos ejemplos sí cuestan, pero también hay ejemplos que no cuestan y te permiten estar ahí en la mente de tu cliente. Tú te debes aplicar, investigar y buscar de acuerdo a tu servicio o producto qué cosas puedes hacer, recuerda que tu labor es mantener encantado y enamorado a ese cliente.

¿Cómo tus clientes te podrán recomendar?

A mí me encanta el sector de seguros, porque ellos por política y por procedimiento, lo que hacen es que al final de la entrevista que tiene un agente seguros está con algún prospecto, el agente le pide tres referencias de familiares a los que les podría interesar esto y ellos así es como están obteniendo referencias.

El punto es que de acuerdo a tu producto o servicio, cómo tú pudieras implementar algo para que siempre tengas recomendaciones de tus propios clientes, esto es algo mágico porque cuando alguien recomienda ir a tu establecimiento es muy probable que se cierre la venta porque te recomendó una persona ajena al negocio.

Te invito a que pongas a trabajar toda tu creatividad, te pongas a investigar qué se hace para implementar formas de recomendación o referencias, porque lo que queremos es que hagas cosas diferentes que mantengan un buen flujo de clientes.

Es importante también que todo eso lo tengas bien definido desde el inicio, para que una vez que empiecen a llegar clientes a tu negocio e inicien esas ventas sepas tú y tu equipo cómo tratarlos.

Historia de Éxito

Tractores Lamborghini:

Terminada la Segunda Guerra Mundial, Ferruccio Lamborghini, comenzó a comprar sobrantes de vehículos militares para convertirlos en maquinaria agrícola.

Tal fue el éxito de su nuevo negocio que, en 1960, Lamborghini ya era el **tercer industrial italiano en el sector** de la construcción de maquinaria agrícola, especialmente de tractores.

Con las ganancias obtenidas, Ferruccio aumentó su nivel de vida, adquiriendo algunas propiedades, y sobre todo muchos coches deportivos, en especial con sus coches preferidos Ferrari.

Pero constantemente Ferruccio **tenía problemas mecánicos con sus Ferrari**. La gota que colmó el vaso, fue el embrague de su Ferrari 250 GTB. Tras numerosas revisiones en el taller, todavía fallaba.

Ferruccio le dijo a uno de sus mecánicos, el mecánico tras desarmarlo y verificarlo, **descubrió que era el mismo que utilizaba en sus tractores,** claro que con un precio más alto al estar en un automóvil deportivo, lo que le enfureció mucho a Ferruccio.

Cansado de tener que soportar estos inconvenientes, entabló una conversación con el mismo Enzo Ferrari, **la respuesta de Enzo fue "Un fabricante de tractores no puede entender de mis coches".** Esto molestó tanto a Ferruccio que empezó a maquinar la idea de fabricar automóviles deportivos para competir con la marca del Cavallino Rampante.

Así fue como poco a poco Lamborghini fue adquiriendo éxito. Desde los primeros **los Lamborghini siempre se han destacado por sus automóviles y diseños exóticos.** lo que lo llevó a la cima fue en los años 90's su aparición en la Fórmula 1, dándole al espectacular Lamborghini Diablo el título del coche más veloz del mundo.

Claves para Ser Tu Jefe En 6 Meses

En este capítulo tratamos la importancia de tener clientes contentos y satisfechos. Si aún no abres tu negocio, sería muy bueno que comenzaras definiendo qué acciones se van a tomar para darle la mejor experiencia a tu cliente, cómo lo harán tú y tu equipo. Recuerda que "first in mind, first in choice" y eso aplica sin importar tu sector.

Haz una lista de las promesas que pueden y que no pueden hacerle a tus clientes, ellos son los reyes de tu negocio y debes mantenerlos felices. Por último pero no menos importante nunca olvides que no hay pelea que valga la pena ganar si se pierde un cliente. ¡Cuida a tus clientes!

CAPÍTULO XVIII

Dos meses antes

"Odié cada minuto de entrenamiento, pero dije 'No renuncies. Sufre ahora y vive el resto de tu vida como campeón' ".

– Muhammad Ali, considerado el mejor boxeador de todos los tiempos.

CAPÍTULO XVIII

Dos meses antes

¡Cada vez vamos estamos más cerca de la fecha de apertura de tu negocio! Te voy a dar unas ideas detonadoras, que van a complementar las anteriores, más todas las que tú tengas pero el objetivo es que se implementen y sean una realidad. Si haces todo lo que hemos compartido, te vas a ahorrar todos esos dolores de cabeza que te puedan surgir en el futuro. Dos meses antes de abrir tú ya tienes que ir contratando a tu equipo de personas que te va a ayudar en la apertura de tu establecimiento o de tu negocio.

Entrena a tu equipo hasta que demuestre excelencia. No se trata solamente de darles la inducción y capacitación, es observarlos, hacer "role-playing" entre ustedes, hacer demostraciones del trabajo que harán y que se estén retroalimentando y buscando la excelencia entre compañeros.

Eso es muy útil y bueno, generar una dinámica entre tú y los compañeros, que todos estén ensayando para ver cómo van a brindar la mejor experiencia a esos clientes.

Áreas a entrenar

Aquí habrá diferentes áreas en las que tú te tienes que entrenar, algunas son:

¿Cómo van a hacer el marketing, la búsqueda de clientes y las ventas?

Si vas a tener gente que específicamente se va a dedicar a estar atrayendo flujo de clientes o de futuros clientes a tu negocio, es importante que esté definido el plan de marketing, cómo ellos van a buscar clientes.

Debes de tener definido el perfil de clientes, qué les gusta, qué no y después de compartir esta información con tus colaboradores, debes hacer un plan de trabajo de ventas, acuérdate que muy posiblemente vamos a ser nosotros los que nos vamos a tener que mover para que lleguen los clientes.

No seas de los que abren el negocio y se esperan a ver quién llega o cree que ya porque está abierta tu página de internet ya vas a tener clientes. Tienes que hacer planes de cómo vas a asegurar que el mercado que aún no te conoce empiece a llegar.

¿Cómo van a hacer los pedidos y recepción de materiales de proveedores?

Si es el caso en el que vas a fabricar algo para los clientes o si vas a estar recibiendo insumos o información para entregar al cliente, tienes que definir el formato, cómo se van a recibir, cómo se van a hacer los pedidos y cómo nunca te va a hacer falta pero tampoco vas a tener exceso de materiales.

En esta parte ya empezamos a conectar el proveedor con el cliente. Debes dejar muy en claro cómo se va a hacer para que la persona a la que le toque hacer esto sepa muy bien qué y cómo lo va hacer.

¿Cómo van a hacer la operación de cada uno de tus procesos internos?

Todo negocio requiere de compras, de recursos humanos, de ventas, de servicio postventa, etc., todo depende de la extensión de tu negocio, pero en cualquier caso requieres de procesos internos.

Éste es el momento, ya con la gente debes entrenarla en cómo van a hacer cada proceso, para que la operación vaya bien y no hayan altibajos de que te falta material o que el personal no sepa cómo tratar a los clientes. Todos deben estar enterados de los procesos internos, un ejemplo básico es: si tienes una recepcionista, ella debe conocer el producto o servicio porque hay ocasiones que no está el vendedor o no estás tú y la recepcionista nada más dice "si gusta hablar más tarde".

Asegúrate que todos los que vayan a estar involucrados en la primera etapa de lanzamiento, entiendan la mayor cantidad de cosas para que puedan brindar información pertinente y en el momento en que se necesita.

¿Cómo van a hacer la entrega de tus productos o servicios?

¿Cómo lo harán?, será por paquetería, cuánto costará, es importante que a este momento tengas información suficiente si tu producto va a viajar hacia el cliente. Si es en un establecimiento, ver cómo va a ser el embalaje, qué le van a decir al cliente, tener muy bien definido todo el proceso.

En México hay una franquicia llamada Flexi, y ellos tienen muy bien definida esta parte de entrega al cliente, ellos están en establecimiento y cuando tú compras un calzado quien te atendió te acompaña a la puerta con tu bolsa de zapatos y ya después te despide y agradece tu compra. Éste es un buen detalle que le dan al cliente, y tú puedes implementar cosas semejantes para que el cliente tenga una excelente experiencia.

Puede ser que tu producto sea muy grande o se tenga que entregar por paquetería, si es así el caso asegúrate que quien lo entrega está presentable y tenga la información necesaria, ¡no importa si es un chofer! Asegúrate de contratar una paquetería profesional o una agencia de choferes, tienes que estar consciente que ese cliente tenga una buena experiencia y sea consistente con lo que estás ofreciendo.

¿Cómo van a hacer la operación de tus procesos financieros (cuentas por cobrar y por pagar)?

Tú debes de quedar muy bien al pagar a tiempo, pero también debes revisar que todo lo que se te debe te sea pagado a tiempo. Tienes que definir qué tanto plazo o límite de crédito vas a dar a tus clientes (si aplica), yo considero que al principio todo lo recibas de inmediato y no comiences a dar créditos o financiamientos porque lo que necesitas es que inicie a entrar dinero.

Define muy bien cuáles van a ser tus políticas de pago y cobranza, para que no se ocasionen problemas cuando vayan entrando clientes.

¿Cómo van a hacer los procesos de relaciones públicas?

Las relaciones públicas nos van a ayudar a seguir propagando que existimos como negocio, alguien debe estar a cargo de las relaciones públicas al principio puedes ser tú o puedes tener a alguien que tenga la habilidad y actitud.

Es remendable tener un calendario de relaciones públicas, para estar al pendiente de las fechas y puedan invitar personas o periódicos para que les ayuden a propagar lo que están haciendo.

A lo largo de todo el año, debes de tener muy bien establecido este rubro de relaciones públicas, porque tú necesitas de ésta para que más personas se enteren que tú existes.

No lo dejes de lado, tampoco es necesario que contrates a alguien y hagas todo un departamento de relaciones públicas, pero sí es muy importante que alguien esté al tanto de asistir a eventos.

En mi caso, yo soy quien lo ha venido haciendo durante 11 años y es algo que me gusta y se me facilita. Entonces a parte de escribir el libro y dar cursos, me encargo de las relaciones públicas del negocio.

La finalidad de este capítulo, es tener **el objetivo de Dominar los procesos, mejorarlos y hacerlos más eficientes y económicos**, desde dos meses antes de abrir. Aquí tienes que observar las actividades de desperdicio y de transformación, tienen que ser procesos eficientes: que estén hechos bien y a la primera; y también que sean económicos, por económico nos referimos a procesos que eficientes.

Historia de Éxito

Isaac Carasso y Danone:

Issac Carasso fue un industrial español de origen griego-judío y **el primero en comercializar el yogur a grandes escalas.** Al comienzo de la Gran Guerra se estableció en Barcelona junto a su mujer y sus tres hijos. Al finalizar la guerra comenzó a **fabricar artesanalmente el yogur** y a venderlo.

La comercialización no fue fácil en un principio, aunque le favoreció el hecho de que los médicos comenzasen a recomendarlo a los pacientes, ese fue el motivo de que los primeros "danones" se vendiesen únicamente en farmacias barcelonesas.

Isaac Carasso negoció con la empresa de tranvías de la Ciudad Condal un precio por el que los cobradores de las líneas dejarían sus tarros en la farmacia correspondiente. **Los productos se fabricaban por la noche. Los vehículos los llevaban a primera hora**, en unas pequeñas heladeras con 24 tarros en el interior, y frenaban incluso donde no había parada para hacer la entrega. Y así el cliente podía recoger el encargo a tiempo para su desayuno.

En 1929, la compañía se mudó de España a Francia y se construyó allí la primera fábrica. Durante la ocupación alemana en Francia durante la Segunda Guerra Mundial, **Daniel mudó la compañía a Nueva York para esquivar la persecución por ser de fe judía**. Para 1959 Isaac regresaba a Francia a continuar con su negocio, trayendo inversionistas principalmente americanos.

Hoy Danone es una multinacional agroalimentaria, que se dedica a 4 actividades: productos lácteos frescos, aguas, nutrición infantil y nutrición médica.

Claves para Ser Tu Jefe En 6 Meses

En esta fase es muy importante que ya tengas todo el protocolo de atención al cliente, la forma en recibir la materia prima o los insumos (si es el caso), la forma de manejar las cuentas del negocio y cómo van a mantener una buena imagen pública.

Es recomendable que tengas todo esto desde ahorita, para que conforme vayas preparando a tu personal puedan ir implementando y si es necesario cambiando el sistema de relaciones y trabajo que tendrá tu negocio.

CAPÍTULO XIX

Un mes antes

"Me gustan más los sueños del futuro que la historia del pasado".

— Thomas Jefferson, 3° presidente de EUA considerado como uno de los Padres Fundadores de la Nación.

En este capítulo vamos a prever, y lo haremos desde un mes antes. Hay que ubicarnos que ya estamos muy cerca de lanzar nuestro producto o servicio, ya estamos por abrir al público y aunque sea una página de internet necesitamos empezar a preparar nuestros inventarios y procedimientos iniciales.

Prepara tu inventario y procedimientos iniciales

No te vaya a ocurrir que abres tienes mucho éxito y en seguida te quedas sin producto, ya valió porque te estás quemando. Por eso es importante que desde ahorita empieces a ver cuánto inventario puedes tener sin sobreinventariar, tienes que tener planeado qué harás una vez que este primer inventario se termine.

Garantiza que tengas todo lo necesario para producir

Es algo en lo que muchos emprendedores fracasan, como inician con poco dinero y tienen una pequeña cantidad de producto, pero luego cuando tienen mucho éxito ya no tienen más producto y no saben qué hacer, eso te resta credibilidad y clientes.

Es importante que tengas todo lo necesario para producir y seguir produciendo. Si es importante que tengas un inventario en stock pero una vez que este inventario se vaya acabando algo se active o detone alguna acción, para que rápidamente empieces a producir para que evites quedarte sin producto para los clientes.

Tampoco te vayas a ir al otro extremo e inicies a comprar y producir de más. Tienes que negociar con los proveedores para que te surtan cuando sea necesario, aquí entra mucho tu habilidad de negociación y también que encuentres proveedores que te puedan entregar a tiempo y cuando lo necesitas.

Si vas a trabajar con maquilas es exactamente lo mismo, tienes que asegurar que la maquila tenga la infraestructura necesaria para que puedas producir a tiempo cuando el inventario inicial se haya terminado. No compres de más, no hagas negociaciones muy agresivas con las maquilas y que después no vayas a poder cumplir.

Aquí tienes que ubicarte en la realidad, tú debes de hacer ver a los proveedores o las maquilas que vas iniciando, así ellos podrán entender y para que tampoco se vayan a aprovechar cobrándote muchísimo o poniéndote condiciones muy abusivas.

Es muy importante la negociación y llegar a un acuerdo con todas las personas que te vayan a apoyar.

Debes de dominar todas las operaciones y todos saben qué y cómo hacerlo

Todas las operaciones internas y las relacionadas con tus procesos, tienen que salir de manera estandarizadas porque ya documentaste tus procesos, ya observaste que no tuvieras desperdicios y que todas tus actividades son de transformación.

Si aún tienes inconsistencias o no dominas los procesos, no te permitas seguir avanzando. Soluciona con tu equipo el problema desde antes, para que te asegures que tienen un estándar y la calidad sea la misma. Es posible que al inicio hayan inconsistencias en las entregas, en la calidad, en los procesos, pero sólo al inicio no permitas que se vaya a volver una costumbre.

Prepara todas tus cuentas de banco, cheques, etc.

Ya ten listas tus cuentas de banco, tus cheques, ve formalizándote con acta constitutiva tu negocio para que puedas abrir tu persona moral, o si es el caso que va a ser una persona física; ya tienes que irte juntando con contadores que te expliquen los esquemas que hay en tu país.

Tú tienes que considerar todo y debes tener una estrategia fiscal, si vas a facturar, si vas a dar recibo de honorarios o sólo vas a entregar notas. Tú te tienes que asesorar, para que no estés en el día de la apertura y no puedas realizar algo que te pida el mercado.

Por eso tienes que preverte y dedicar tiempo a este tipo de entrevistas.

Preparar todos tus documentos legales, actas, contratos, permisos, licencias, etc.

Todos los documentos en especial los legales, pueden ser los contratos de confidencialidad con tu equipo de trabajo, los contratos de honorarios, si necesitas permisos o uso de suelo, si requieres licencias especiales para operar sistemas de computación, si necesitas hacer un acta administrativa, etc.

Aquí debes de asegurar todo lo legal para que cuando ya estés operando, no te vaya a retrasar alguna situación de éstas.

Prepara todos los materiales de oficina que requerirás

Hojas, plumas, lápices, gomas, sea lo que necesites pero que a tu gente no le haga falta.

También si ya tuviste varias entrevistas con **contadores busques uno para contratar**, para que se empiece a formalizar, sientas el peso legal en cuanto a lo financiero y más importante que inicies haciendo las cosas bien desde el inicio. Me ha tocado ver emprendedores que se brincan el paso del contador, porque no quieren pagar la asesoría y todo lo que conlleva, pero al final de seis meses ya se metieron en problemas o ya tienen multas.

Para que no te pase eso, que de todos modos lo tenemos que cumplir, mejor hacerlo desde el inicio y bien. Acostúmbrate a pagar impuestos, no busques un contador para que le preguntes cómo evadir o cómo pagar menos; las ciudades y los países necesitan de esos impuestos y tú como empresario debes estar preocupado del lugar en el que vives.

Prepara todos los materiales de marketing físicos y electrónicos

Aquí tiene que ver con todo lo que hemos venido compartiendo, que tengas listo tus tarjetas de presentación, revisar los últimos ajustes a tu página web, ya saber si vas a mandar e-mail o boletines o lo que vayas a hacer, ya tenemos que checarlo y tenerlo listo.

También revisa si vas a tener algún kit electrónico de todo lo que hace tu producto o servicio, revísalo que esté claro y que no sea demasiado extenso. Te tienes que ver muy profesional en esta parte de lanzamiento.

Empieza a buscar en toda tu red de contactos para que **prepares una lista de clientes potenciales**, antes de abrir las puertas de tu negocio u oficina, tienes que empezar a ver a quién le vas a vender. Haz un a lista, ponte el reto que sean al menos 100 personas y ya una vez terminada esa lista los vas contactando para que te visiten o conozcan y sepan de ti.

Que no te dé pena, es una labor que todos tenemos que hacer y al final si es gente que te conoce, ten por seguro que te va a poder apoyar.

Historia de Éxito

Electrónicos de Terry Gou:

Gou recibió por **ley taiwanesa educación** hasta el nivel superior, después de graduarse continuó trabajando en una fábrica de caucho, hasta cumplir los 24 años.

En 1974, Gou decide fundar Hon Hai en Taiwán con $7,500 USD y diez trabajadores, **comenzaron haciendo partes plásticas para televisores**. Seis años más tarde recibió por parte de Atari, la producción de los conectores para sus joysticks.

En los 80's **decidió expandir su negocio, realizando un por 11 meses a EUA para buscar clientes**. Después de ese viaje funda su primera y mayor planta de manufactura en China y cambia el nombre de su empresa a Foxconn.

Así fue el inicio de su empresa, pero a partir del 2001 **comenzó a diseñar piezas más especializadas y para clientes más grandes**. Actualmente es la mayor empresa de manufactura electrónica del mundo y tiene clientes de gran escala como BlackBerry, Apple, Microsoft, Intel, Sony. Teniendo plantas en China, Australia, Brasil, a lo largo y ancho de Europa, India, Japón, Malasia, México, Sur Corea y EUA.

Claves para Ser Tu Jefe En 6 Meses

Ya estamos un mes antes de que abras tu negocio, y ya en este momento prácticamente tienes que estar puliendo detalles, principalmente en las tareas legales de permisos y pagos de impuestos, muy importante que tengas a tu contador cerca para que te ayude con todo esto.

Hay mucha tarea que hacer, habrán cosas en las que tendrás que redoblar esfuerzos para que estén a tiempo. Revisa todo lo que se ha visto en el libro, para que tengas un checklist de todo lo que tienes y de lo que no para tu negocio.

CAPÍTULO XX

Lanza tu negocio

"A nadie le faltan fuerzas; lo que a muchísimos les falta es voluntad".

— Víctor Hugo, escritor francés considerado uno de los escritores más importantes de la lengua francesa.

Vamos a hablar de cómo lanzar tu negocio, estamos muy cerca de ese lanzamiento tan esperado. Sin embargo no debemos dejar que nos gane la emoción, tienes que prever ciertas cosas para que todo salga de manera excelente y que los asistentes a la inauguración queden enamorados y asombrados.

Establece una estrategia para lanzar tu negocio a la sociedad

Cuando hablo de una estrategia, estoy hablando de una serie de pasos que garanticen que vas a aprovechar ese momento. Hay mucha gente que deja de lado el lanzamiento, como si fuera cualquier cosa, y eso está mal si ya le invertiste tanto tiempo haz un anuncio grande que vas a estar ahí.

Es muy importante establecer tu lanzamiento, como es tu lista de invitados, si vas a ofrecer algo, todo de acuerdo a tus posibilidades. Pero sí tiene que estar muy claro para ti y para tu equipo de trabajo, que sepan qué van a hacer para que ese lanzamiento sea un éxito.

Haz las contrataciones o preparativos adecuados

Si vas a contratar personal, ya debe de estar contigo. Si no vas a tener la posibilidad de tener gente que te ayude, asegúrate que por lo menos te ayuden y acompañen algunos amigos o familiares, sobretodo que se vea una estructura dentro de tu organización.

Recuerdo que en uno de los primeros talleres que dimos, no teníamos gente sólo éramos Gustavo y yo, tuve que pedirle ayuda a una prima, una amiga y una prima de mi amiga. Ellas nos ayudaron a ser edecanes sólo pedí su ayuda por ese día, les pagué al finalizar el taller y estuvo muy bien, fueron de mucha ayuda porque nosotros solos no hubiéramos podido.

De igual manera, tú tienes que prever para que ese momento sea algo padre que recuerdes positivamente, y también tus invitados se lleven un buen recuerdo de lo que preparaste para ellos.

Encuentra la forma de hacerlo bien y atractivo a tus futuros clientes

Primero vas a comenzar con tu red de conocidos amigos, familia, parientes o contactos que tengas, y aunque ahí haya confianza no te confíes en hacerlo de manera improvisada porque ellos pueden ser clientes futuros que te pueden recomendar.

Yo sugiero que dependiendo del presupuesto que tengas, lo hagas lo más atractivo posible. Este momento debes de ser recordado, no sólo por ti sino por todos, para que todas las personas que van a asistir se vean en un futuro como tus clientes.

También algo que debes considerar es que **invites a la mayor cantidad de clientes potenciales que puedas**, porque la realidad es que no van a ir todos tus invitados, entonces entre más confirmaciones previas tengas mejor. Esto de las confirmaciones previas te servirá en caso de que vayas a dar bocadillos o regalitos, que tengas contado cuánto vas a comprar.

Invita mucha gente, pero también pregunta quién te va a confirmar y quién no, eso también se ve muy profesional.

Difunde tanto como puedas

Ya sea en medios impresos, en medios electrónicos, en redes sociales, en donde puedas difunde el momento que vas a vivir. Todo esto para que mucha gente tenga en la mente, que estás en ese negocio, que tienes algo bueno para ellos y aquí es hacer toda una estrategia de comunicación.

Ten un plan consistente para que cada semana estés mandando algo, para asegurarte que estás en la mente de esa gente. **Antes del lanzamiento haz algunas ventas**, para que cuando ya abras tengas recomendaciones y testimonios, yo sé que esto es lo ideal pero si no puedes hacer estás ventas por lo menos sí asegúrate de ofrecer ese producto a clientes potenciales.

En caso de no poder hacer ventas, regala el producto para que **te puedan dar un testimonio o una recomendación**, esto te sirve para que en la inauguración puedas hablar de los casos que tuviste. Hay que invertir en esto, si es un gasto más y yo sé que lo que te urge es recuperar inversiones pero todavía no estás en ese momento, empieza invirtiendo y luego recoges frutos.

Yo soy de la idea que primero coloques tu producto o servicio con personas para que tengas el punto de los testimonios cubierto. Pasa muchas veces, que cuando ya estás en el lanzamiento o ya está alguien que quiere hacer alguna compra, te pregunta cuántas personas usan tu producto o a quién le has vendido; tú no puedes decirle que a nadie porque apenas vas empezando, así no te ves profesional.

Usa las redes sociales

Usa todas las redes sociales para **crear eventos anunciando tu inauguración,** así vas a poder lanzar esta información desde antes, la información va a correr más rápido y más gente va a poder saber tu ubicación.

No te alineas nada más a la parte presencial, también las redes sociales son elementos importantes que no te cuestan y pueden ayudar a traerte ventas.

Ya que estés en el lanzamiento, **recolecta muchas fotos y testimonios del evento de lanzamiento,** para que lo puedas subir a las redes sociales, te permita hacer una campaña o lo puedas compartir y atraigas a más clientes.

Hay también periódicos que buscan está clase de eventos y no te cobran, tú tienes que llegar a un acuerdo para que invites a la mayor cantidad de medios posible. Dialoga con los periodistas y las revistas para hacer que no te cueste pero que muchas personas, además de las que van, se enteren del lanzamiento.

Una vez que ya lanzaste debes de **prever una estrategia viral de marketing en internet,** que no sea nada más la inauguración y ya. Tienes que hacer un marketing continuo en internet, lo tienes que estar trabajando y tienes que estar posicionándote en la mente de ese mercado.

Agradece a todos los participantes por su asistencia

A mí me gusta que cuando hacen un lanzamiento, agradezcan con un e-mail o una llamada a las personas que asistieron. Es un detalle muy bonito, muestra tu agradecimiento y también ayuda a que sigan recordando ese lanzamiento.

Asesórate con personas que sepan controlar este tipo eventos, dependiendo de las dimensiones que vaya a tener tu lanzamiento es importante pedir ayuda o apoyo. Puede ser con algún maestro de marketing o algún conocido que te pueda dar alguna idea o si tienes los medios económicos puedes contratar a alguien que te ayude a llevar de una manera más profesional tu lanzamiento.

Asegúrate que tu lanzamiento sea algo espectacular, que ese **lanzamiento sea un BOOM** y que la gente lo esté hablando. No te veas como un emprendedor que apenas va empezando, tú necesitas verte como un empresario o como un profesional que está seguro y certero de lo que está haciendo.

Historia de Éxito

Marcel Bich:

Marcel Bich fue un inventor e industrial nacionalizado francés, cofundador de la empresa Bic. En 1946 tenía un taller de fabricación de objetos de escritura en Clichy, un suburbio de París.

Una de las cosas que fabricaba en su taller eran estilográficas y bolígrafos para personas con alto nivel económico. Entusiasmado con el bolígrafo **ahorró bastante para comprar la patente de bolígrafo**, al húngaro Lazlo Biro.

Introdujo ciertas mejoras a su bolígrafo, hizo el tubo transparente para que se viera y con aristas para cogerlo mejor y sobre todo lo fabricó a un bajo precio y luego lo tiró a la basura después de usarlo. Ese fue el rasgo que caracterizó su triunfo.

Después de una buena campaña publicitaria, en la que por consejo de su publicista suprimió la última letra del apellido en 1953 lanza el Bic cristal con un éxito sin precedentes: los bolígrafos BIC se vendieron por toda Europa acaparando la totalidad del mercado. En 1961 el publicista Raymond Savignac **diseñó el logotipo** que ha hecho famosa la compañía.

Actualmente BIC es **la mayor empresa del mundo en la fabricación de bolígrafos,** aunque también fabrica otros objetos. Vende más de veinte millones de unidades por día en todo el mundo y ha conseguido vender más de 100.000 millones en los cinco continentes desde 1953.

Claves para Ser Tu Jefe En 6 Meses

Prepárate porque estamos a punto de lanzar tu negocio y una vez que suceda, asegúrate que todas estas acciones posteriores al lanzamiento las realices porque no son cosas que te vayan a costar mucho dinero o tiempo pero sí serán cosas que van a marcar la mente del mercado.

Haz ese lanzamiento algo sorprendente que sea digno de tu trabajo y esfuerzo, para que desde el inicio entres al mercado con una buena imagen.

CAPÍTULO XXI

Después del lanzamiento

"Somos lo que hacemos día a día. De modo que la excelencia no es un acto, sino un hábito".

– Aristóteles, antiguo filósofo griego.

Si ya hiciste tu lanzamiento espero te haya ido muy bien, y si no, no te preocupes. En este capítulo voy a darte elementos que te permitan prever cosas que vienen después del lanzamiento.

Manejo del desempeño

Ya lanzaste tu producto o ya abriste tu establecimiento, ahora te voy a dar unos consejos muy útiles de lo que viene después del lanzamiento. Te servirán mucho para un mejor posicionamiento de tu negocio.

Tienes que saber cómo va tu negocio

Una vez que ya abriste tu negocio, ya está entrando gente, incluso ya tienes clientes; es muy importante saber cómo va y para esto necesitas implementar estadísticas o indicadores claves que te digan que tu negocio va a bien.

Ten la disciplina de medir a tu negocio como si fuera un cuerpo humano, cuando la gente tiene accidente, en seguida llegan los paramédicos y con unos cuantos parámetros saben cómo intervenir y qué hacerle al cuerpo. Lo mismo ocurre con una organización, cuando no mides cómo vas y no tienes indicadores o historial estadístico se vuelve muy difícil que puedas mejorar.

Yo soy de la idea que desde el inicio empieces a medir y tengas una medición clara, si tienes vendedores que tengan metas muy definidas y muy aterrizadas a la realidad, que cada departamento pueda tener por lo menos uno o dos indicadores. Todo esto para mejorar, hay una frase que dice: *"lo que no se mide, no se mejora"*.

Si tú desde el inicio tienes ausencia de medición, ni tienes medidores, probablemente te puedas estar haciendo a la idea de que el negocio va bien pero la realidad es otra, nada más vas a ciegas porque no tienes indicadores o algo con que comparar porque no manejas números fríos.

No es nada más las mediciones que harás son para el negocio, también **tu gente se tiene que ser medida** para que puedan saber tanto ellos como tú cómo va su desempeño. Desde la contratación ellos tienen que saber cuál es el indicador que les corresponde.

Lleva estadísticas con la foto del responsable

Es muy importante que les pongas metas, que les des seguimiento y que lleves una estadística. Lo que me gusta de la estadística es que es un historial que te permite ver cómo se está comportando un indicador.

Cuando tú tienes estadísticas de los indicadores de tu empresa, tú podrás tomar mejores decisiones y vas a poder entender cómo se maneja tu negocio. Conforme vayas implementando los indicadores, tengas gráficas por cada responsable de área y le puedas poner su foto. Esto de la foto hace que la persona sienta la responsabilidad y que trabaje para mejorar ese número del que es responsable.

Una vez que la gente va poniendo atención a su indicador, tú tienes que darles seguimiento y tienes que exigirles que cumplan sus metas. De nada sirve poner un indicador que la gente no va a cumplir, aquí es donde entra una política como líder y empresario donde tú tienes que asegúrate que la gente no se justifique por no estar llegando a las metas.

La gente tiene que estar preocupada y ocupada por estar llegando a esos números. Si de repente tienes personal que nada más te da justificaciones o nada más te da historias de por qué no está llegando a las metas, tú tienes que ser preciso y dejarle bien en claro que *las historias son para los libros*. Tú necesitas resultados y tienes que ir metiendo esta cultura organizacional a cada responsable de tu organización.

Si tú no tienes gente que responda a los indicadores, al final el negocio no va a crecer y tampoco va a prosperar. Un indicador lo que nos permite es medir el desempeño de la organización, si desde el inicio no tienes este tipo de herramientas solamente te vas a estar contado la historia de que tu negocio va bien. NECESITAMOS ubicar la realidad.

Las estadísticas deben de estar en cada departamento y a la vista

Esto para que todos puedan estar ubicados con la realidad y todos pueden saber cómo va el desempeño de esa persona o departamento. Yo sé que habrán cosas que no se pueden transmitir porque son confidenciales, si ese es el caso no lo pongas pero asegurarte que el responsable esté al pendiente.

Debes de ser la clase de líder que **nunca acepta una prorroga en la entrega de resultados**. Debes de ser congruente de entregar los resultados, de seguir los procedimientos a los que te comprometes, pero también debes enseñar a tu gente a que acepte su responsabilidad y que cumpla los resultados en tiempo y forma.

Si desde el inicio te empiezas a relajar, vas a terminar teniendo una organización paternalista, con gente que no le va importar llegar a los resultados.

Es mejor manejar números que proyectos

Luego hay muchas personas que son de la idea que los indicadores "ventanean" a la gente o los estresan. Y la verdad es que esa es una idiotez, una organización que no tiene a la gente monitoreada por sus resultados nunca va crecer y se dirige al fracaso.

Tú puedes tener muchos proyectos en tu organización, pero **no por tener proyectos se garantizan resultados.** He visto empresas que tienen proyectos muy abundantes, pero al final no están vendiendo más, no reducen costos, no entregan al cliente.

El punto aquí es que tú debes de medir en base a números y no en base a los proyectos. Los proyectos nos ayudan a llegar a los números mas no los garantizan.

Historia de Éxito

eBay de Pierre Omidyar:

Pierre Omidyar nació en París, Francia de padres iraníes que habían sido enviados por sus abuelos. La familia se mudó a los EE. UU. cuando él tenía seis años. **Desde joven se interesó por la informática** y con tan solo 14 años escribió su primer programa para la biblioteca de la escuela, con un honorario de 6 dólares por hora.

Cuando era novio de Pamela Wesley (su futura esposa), quién tenía como hobby coleccionar los coloridos dispensadores plásticos de los caramelos PEZ. Pamela un día le preguntó a Pierre cómo podría interactuar con otros coleccionistas para intercambiar sus dispensadores. Omidyar **tuvo claro el concepto: intermediar para la compraventa e intercambio de bienes en Internet.** Ese pedido fue el disparador de la idea que cambiaría sus vidas para siempre: eBay

El primer nombre de la empresa fue AuctionWeb y vió la luz en septiembre de 1995 pero rápidamente cambió su nombre por eBay. **Posteriormente eBay se hizo una empresa pública en 1998.**

eBay es un sitio destinado a la subasta de productos a través de Internet. **Es uno de los pioneros en este tipo de transacciones**, y en 2013 generó 2,860 millones de dólares de beneficio neto.

Claves para Ser Tu Jefe En 6 Meses

Ve creando desde el inicio, el hábito de medir para mejorar. Usa indicadores y parámetros (que sean pocos tampoco necesitas 100), para que después puedas pasarlos a estadísticas con gráficos si es posible. Comprométete a cumplir estas metas y compromete a tus colaboradores, genera toda una cultura organizacional alrededor del cumplimento de metas. No aceptes pretextos, ni historias, para historias tenemos los libros.

Recuerda, muy importante: lo que no se mide no puede ser mejorado.

CAPÍTULO XXII
Mantén tu Marketing

"Al final o eres diferente, o eres barato".

– Guy Kawasaki, especialista en nuevas tecnologías y marketing, reconocido por ser el "evangelizador" de la Macitosh

Te quiero dar la bienvenida a algo que es muy importante y te tienes que asegurar que siempre continúe en tu negocio u oficina: el marketing. El marketing no es algo que se haga sólo en el lanzamiento, NO, el marketing es una constante que siempre debe de estar constante dentro de los planes operativos de tu negocio.

Haciendo marketing va a ser la única forma en la que nos vamos a dar a conocer. Es la forma en la que le estás diciendo al mercado que quieres que te compre, que estás ahí y que eres *diferente*.

Sin Clientes No Hay Negocio

Mantén esto como máxima: **Para que tu negocio pueda tener clientes se tiene que hacer un esfuerzo importante y continuo en relación a lo que es el marketing.** Es muy importante que tus estrategias de marketing estén enfocadas a que **siempre, tú seas el primero en la mente del prospecto y del cliente.**

Hago mucha referencia a los clientes, porque un cliente es alguien que ya te compró y te conoce. Pero no porque sea tu cliente, quiere decir que ya no vas a hacer un esfuerzo de más para mantenerlo, si tienes que dedicar alguna campaña o recordatorio para que siempre estés en su mente y te siga recomendado.

Estas campañas también sirven cuando ese cliente requiera algún otro producto o servicio que tú ofreces, él vaya contigo porque eres el primero en su mente.

Otra parte también muy importante es con los prospectos, estos prospectos son personas que pueden estar interesadas en tu producto o servicio pero que aún no te compran o no saben que existes. Aquí es donde debes lanzar mes a mes estrategias muy puntuales de cómo abarcar al mayor número de prospectos, puede ser a través de redes sociales, de e-mailings, de publicidad o incluso presencia en expos a las que puedas asistir.

Es importante que siempre inviertas en marketing conforme te vayas consolidando, a ti lo que te debe interesar como empresario es tener cada vez más prospectos que se transformen en clientes.

Todos los colaboradores deben de saber cómo tratar al cliente

Todos tus colaboradores dentro de tu empresa deben de saber cómo tratar al cliente una vez que éste ha llegado.

De repente se hacen esfuerzos muy buenos en marketing que llaman la atención de la gente, después esta gente llega a tu establecimiento; pero si tú no coordinas estos esfuerzos con la gente que va a atender a estos prospectos, resulta ser trabajo, dinero y esfuerzo tirado a la basura.

Todos deben de estar enterados, de todo el esfuerzo que se invierte en marketing y cuando alguien llegue, llama o contacta a la empresa, se le dé el tratamiento de acuerdo al mensaje que ustedes mandaron y que todos sepan cómo hacerlo.

A mí me gusta que siempre que se hacen estos grandes esfuerzos de marketing, se pueda tener una reunión donde se comunique lo que se va a hacer, donde se puedan resolver dudas y donde a cada uno de los involucrados les quede claro qué es lo que van a hacer.

Siempre debes de ser una persona insaciable en estar trabajando y capacitando a tu equipo para que siempre tengan la **cultura de estarse preocupando por satisfacer al cliente.** El traer un flujo de personas a tu establecimiento no es tan difícil comparado con saber mantener y satisfacer a esos clientes una vez que ya te compraron.

De ahí la importancia de tener un enfoque de mejora continua, el llevar las estadísticas para saber si se está mejorando y para poder estar documentando los procesos, al final lo que les interesa es cumplir y *exceder* las expectativas del cliente.

Tu marketing más importante es siempre cumplir lo que prometes

Es importante que todo lo que comuniques en tu marketing y en tu publicidad, siempre sea consistente con lo que son capaces de cumplir.

Por ejemplo, puede que tengas un espectacular muy grande, con muchos colores y muy bonito pero cuando llegan a tu negocio los prospectos y reciben su producto o el servicio, la atención y el producto no tiene nada que ver con el espectacular que ellos vieron.

Por eso es muy importante en que te puedas reunir con todos los departamentos de tu negocio y que todos juntos decidan que SÍ van a poder cumplir. Lo que sí vayan a cumplir que sea lo que comuniquen en su marketing.

Establece una campaña ininterrumpida de marketing

Una vez que empiezas nunca debes de terminar o parar las campañas de marketing, NUNCA en toda la vida de tu empresa se deben de parar las campañas publicitarias.

Obvio que no siempre va a ser el mismo estímulo porque a lo mejor no siempre el dinero te alcanza. Tú y tu equipo deben de tener la creatividad para definir a lo largo de un año, cómo van a hacer esas campañas ininterrumpidas de marketing, qué promociones van a tener, si van a contratar anuncios en revistas, en vallas, en espectaculares o redes sociales.

También puede ser que hayas destinado un presupuesto a Google para que aparezcas en las búsquedas gracias a palabras claves, esto también funciona. Tú debes de tener todo un plan anual de todo lo que vas a hacer y que esté validado con presupuesto.

Para evitar las frustraciones tuyas y de tu equipo de que ya llegó el mes y todavía no tienen un plan de publicidad. Siempre debes de tener bien ligadas tus campañas con presupuestos, para que no tengas complicaciones.

Nunca seas pichicato en tu marketing

Nunca escatimes en el marketing. Por pichicato quiero decir que "no te tiemble la mano" en invertir, cuando sea necesario. Si tú inviertes adecuadamente, tiene que verse reflejada esa inversión en ventas o aumento de clientes.

Es muy importante también de sí invitar de manera medida a nuevos clientes y de tener presupuestado cuánto vamos a gastar al año en marketing, pero también es importante **medir** el impacto que van teniendo nuestras campañas de marketing.

Ustedes deben de poder saber si el espectacular, anuncio o volante atrajo gente y cuánta fue. Tú y tu gente deben de saber qué cosas si están siendo efectivas, para volverlas a repetir y las que no lo fueron las ajusten o retiren, para no estar desperdiciando dinero.

Historia de Éxito

Kingston Technology:

Kingston Technology surgió en 1987 a partir de una escasez grave de chips de memoria del tipo portátil en el mercado de la alta tecnología, en la década de los años 80. **Decididos a encontrar una solución,** los fundadores de Kingston, John Tu y David Sun, diseñaron un módulo de memoria sencillo en línea (SIMM) que podía utilizar los componentes antiguos, de amplia disponibilidad.

Dieron origen a una nueva tecnología y a un nuevo estándar de la industria y el 17 de octubre de 1987, a una nueva compañía que vendía sólo un tipo de producto. Un año más tarde Kingston **se diferencia de sus competidores por sus pruebas realizadas al 100% de sus productos**, lo que le confiere el aseguramiento de la calidad y le otorga una posición de liderazgo en el mercado.

En 1990 amplían su gama de productos y para 1992 Kingston **alcanza la posición No. 1 otorgada por la revista Inc. como la empresa de capital privado de más rápido crecimiento en Estados Unidos.** Dos años más tarde lanzan su más famoso producto DataTraveler, lo que conocemos como USB.

A la par de abrir sus oficinas principales en Europa, Kingston es catalogada en la posición No. 2 por la revista Forbes en su lista de las "100 mejores empresas para trabajar en EUA"

Es el segundo mayor suministrador de memorias flash. Teniendo una cuota de mercado cerca del 27%. En el 2006 Kingston obtuvo un crecimiento del 23.3% respecto al 2005 y desde entonces ha experimentado una tasa de crecimiento anual ¡del 15% durante los últimos ocho años!

Claves para Ser Tu Jefe En 6 Meses

Para mantener desde el inicio un negocio saludable y en crecimiento, debes hacerte el propósito de tener una agenda anual de marketing. Al principio será difícil estar invirtiendo en marketing, pero siempre hay alternativas buenas y más económicas, verás que si Tu y tu equipo se organizan y hacen una buena inversión en campañas publicitarias serán recompensado con más clientes y más ventas.

Sólo debes organizarte para mantener como constante tu marketing. No olvides que deben de ser congruentes entre el marketing que hacen y el servicio o producto que dan. Prepara a tu equipo para que sepan cómo van a tratar a ese cliente y que estén enterados del trabajo que se hace de marketing.

CAPÍTULO XXIII

Manejo del dinero

"Cuando empecé el sitio tenía 19 años y no sabía mucho de negocios en ese entonces, pero empecé...".

— Mark Zuckerberg, fundador y CEO de Facebook.

No quiero que dejemos de lado al manejo del dinero dentro de tu negocio. Yo sé que tú, como dueño y emprendedor de este negocio que apenas va naciendo, no vas a poder hacerlo todo pero en el tema del dinero es muy importante que **solamente tú o una persona de muchísima confianza sean quienes manejen la facturación de la empresa**.

Sólo gente de confianza maneja la facturación

Este manejo del dinero se tiene que dar en términos de confidencialidad. Si tú tienes un asistente o una persona de cobranza, tienen que ser una persona que le hayas probado su confianza, debes de tener mucha certeza en que tienes a la persona correcta en el lugar correcto. Esto es en todos los puestos, pero cuando se trata del dinero tienes que ser mucho más estricto.

Si al inicio no tienes a esta persona de confianza, tú debes de poder dedicar el tiempo para poder hacer la facturación y poder hacer el manejo de bancos. Si ya tu negocio está un poco más estructurado y tuviste un presupuesto inicial adecuado, asegúrate de tomarte el tiempo para encontrar a la persona correcta para que pueda manejarte la facturación y cobranza.

Hoy con toda la tecnología existente de banca en línea, tú puedes darle privilegios a esta persona donde le pongas montos determinados de dinero y no corras ningún riesgo. Realiza una investigación con el banco de tú preferencia para asegurar que a pesar de la confianza que le tienes, no ocurra un detalle donde esta persona te robe o saque provecho de ti.

Tienes que ser muy bueno para cobrar

No dejes pasar el tiempo de las facturas o del pago que te deba algún cliente. Si tú empiezas a relajarte al inicio de tu negocio, va a llegar un momento en el que tus cuentas por cobrar se ponen en números rojos y ponen en un alto riesgo tu negocio.

Yo soy de la idea de que al inicio NO te enfoques en dar créditos. Si la persona no puede pagar en las condiciones, a veces es mejor dejar ir esa venta para evitarte problemas como el no tener la fluidez económica, por vender a crédito o "fiado".

Haz un presupuesto muy detallado de dónde invertirán el dinero

Haz esto desde el inicio, además te hará ver muy profesional. Esto en base al flujo de dinero que vaya entrando y puedes hacerlo en una proyección anual.

Si tú no lo sabes hacer, le puedes pedir ayuda a tu contador pero siempre sé un empresario que se maneja en términos de presupuesto, recuerda no gastar de más.

Primero paga tus deudas

Si para iniciar tu negocio hiciste algún financiamiento, siempre de lo que vayas recibiendo asegúrate de pagar esas deudas para que esto te dé tranquilidad y en un corto tiempo puedas de pagar todas tus deudas o préstamos.

Inclusive, si tienes mucho éxito y va entrando mucho flujo positivo de efectivo mejor termina de pagar esas deudas, así rápidamente saldrás de esos compromisos.

No gastes el dinero en estupideces

Ya lo hemos tratado mucho, pero no está mal recalcarlo. No gastes el dinero en cosas que no necesita el negocio o que no te van a dar mayor productividad.

Si tienes algo en que invertir, primero checa tus presupuestos para ver si te lo puedes permitir. Si es algo que no te va a servir y no hará una gran diferencia en lo que están haciendo, mejor no inviertas en eso y lo pospones para otra ocasión.

Invierte la mayor cantidad de lo que ganes

La mayor parte del dinero que vayas ganando no lo mandes a utilidad o lo empieces a gastar. Es importante que **parte de lo que vayas ganando lo ahorres y otra parte la reinviertas** para atraer nuevos clientes al negocio.

Es decir, una parte del dinero asígnala en seguir haciendo tus campañas de marketing o generando nuevos productos. Tú sabrás qué necesitas y en dónde lo vas a invertir primero.

Es importante que cuando el negocio tenga utilidades no las retires todas, de preferencia deja la mayor cantidad posible para **atraer más clientes y para hacer más eficientes tus procesos internos**, recuerda que desde el inicio vas a ser un negocio competitivo.

A veces por no invertir en una computadora extra o algún sistema especializado o una impresora, tus procesos se empiezan a hacer ineficientes. Cuando ya vayas teniendo dinero destina una parte a hacer cada vez más eficientes tus procesos.

Págate un sueldo mínimo

Te soy honesta, al inicio cuando yo inicié no consideré esta parte de **pagarme un sueldo mínimo sino en mi mente tenia que sería posible hasta que tuviera bastante capital y mereciera un sueldo mayor.**

En mi caso fueron 3 años en los que yo trabajaba, trabajaba y trabajaba y nunca nos pusimos un sueldo mínimo, ni a mí ni a mi socio.

Nunca sentimos que estábamos ganando algo, entonces esos tres años fueron tres años muy frustrantes porque TODO se iba a inversión, sacando muy poco para cubrir nuestros gastos. Eso produjo mucha frustración porque no sentíamos ese intercambio del negocio a lo que nosotros estábamos haciendo.

En base a esa experiencia, sí te sugiero que al inicio te pongas un sueldo mínimo, con el que puedas cubrir tus gastos básicos para vivir y conforme vaya avanzando podrás fijar un sueldo mayor.

No te avoraces desde el inicio y no te pongas un sueldo altísimo, porque no te va a quedar nada de utilidad y nada más te vas a estar engañando. Sigue esta recomendación y verás que conforme van pasando los años tu negocio te dará el dinero que necesitas para mejorar tu estilo de vida.

Al inicio hay que apretarse un poco e invertir en lo más que se pueda. Ya después sí hicimos bien la inversión de manera correcta y en base a presupuesto, el negocio por sí mismo nos lo va a regresar.

¡Que no se te subsidie el gasto!

Puede que hayas conseguido un local familiar o que una universidad te esté prestando el establecimiento y no te están cobrando renta. Aunque sea el caso en el que no te están cobrando renta, sí debes de manejar esos gastos de renta, agua, luz, etc., porque de un modo u otro son gastos del negocio y ¡El negocio debe ser Negocio!

El negocio debe de darte dinero para pagar esos gastos fijos que todo establecimiento tiene. Esto lo puedes revisar con tu contador para que desde el inicio se pueda considerar, y si no es inmediatamente, será más adelante pero que sí se reembolse ese dinero.

Historia de Éxito

Konosuke Matsushita, un japonés con *"Ideas para tu vida"*:

En su adolescencia se formó en Matsushita un fuerte interés por la electricidad que en esa época se desarrollaba en su país. Konosuke obtuvo un empleo en la Osaka Electric Light Company como asistente técnico de cableados.

En 1918 funda la "Fábrica de aparatos eléctricos Matsushita". Los primeros productos no son muy exitosos, pero después de cinco años Matsushita crea un faro para bicicletas que se transforma en un éxito comercial.

En 1922 Konosuke **se vió en la necesidad de construir una nueva fábrica y oficina para albergar su creciente empresa**. Durante los primeros años se mercadearon lámparas de bicicletas y planchas eléctricas. Más tarde, radios y baterías eléctricas.

En medio de la crisis de 1929, el despido masivo de trabajadores se volvió una práctica común en las empresas en todo el mundo, sin embargo Matsushita **se negó a seguir esta corriente.** No sólo mantuvo el empleo a sus trabajadores, sino que además les respetó el salario. **La solución fue orientar parte de su personal de producción a labores de venta.** Esta medida tuvo un éxito rotundo, que se vió recompensado a medida que la crisis fue superada, ya que los empleados crearon un vínculo especial con la empresa.

En octubre de 1978, Matsushita Electric Industrial Co., Ltd **cambia de nombre a Panasonic Corporation, nombre con que es conocida mundialmente.** Se ha convertido en uno de los cuatro mayores productores japoneses de electrónica. Panasonic con su famoso slogan de *"Ideas for Life"* se ha vuelto en el cuarto mayor fabricante de televisores del mundo en 2012, por cuota de mercado.

Claves para Ser Tu Jefe En 6 Meses

Espero te pongas muy atento en todo lo que concierne a dinero, cuando veas cualquier cosa deshonesta con la persona que te está manejando el dinero para que de inmediato pongas acciones y no se salga de las manos. Administra correctamente el dinero para que siempre tengas una tranquilidad financiera y tengas la certeza que una buena relación con el dinero se verá reflejada en el futuro, sé paciente.

Y así como vas a exigir que se te maneje el dinero de manera justa y honesta, tú también manéjalo con justicia y honestidad, no te pongas un sueldo altísimo y no dejes que se te subsidien las cosas.

CAPÍTULO XXIV

Cosas que nunca debes de olvidar en tu negocio

"No desgastes tu vida demostrando lo que eres capaz de hacer, sino vive tu vida haciendo lo que quieres hacer".

– Ana María Godínez, fundadora de Big River e Ignius Innovation.

¡Este es el último capítulo de nuestro libro! Este tema es muy especial porque vamos a cerrar todo lo que veníamos trabajando en este programa del Emprendedor Empoderado.

Te compartiré 10 recomendaciones que NUNCA debes de olvidar, pero no nada más al inicio de tu negocio. Son 10 puntos clave que tendrás que estar revisando en este momento, 6 meses más tarde, 1 año más adelante, siempre. Éstos son los pilares claves que van a estar moviendo a tu negocio, son puntos que van a abordar desde los clientes hasta los procesos, el marketing, el servicio a cliente.

Verás que nunca está de más estarlos monitoreando, si dejamos de lado alguno de estos pilares lo que estamos haciendo es bajar la exigencia en el negocio, y haciendo eso no estarás jamás al nivel que queremos de empresas exitosas.

Te invito a que conforme vayas conociendo cada uno de estos puntos, vayas identificando en tu negocio qué cosas han dejado de hacer o qué cosas se te habían olvidado hacer. Inmediatamente que las identifiques les puedas poner acción, se empiecen a trabajar y a mejorar.

Siempre deben de dar un excelente servicio al cliente y cumplir lo que prometes

Debes de revisar continuamente cómo está la expectativa de tus clientes que hoy tienen en tu negocio, puedes hacerlo a través de encuestas o a través de llamadas. A ti te debe de interesar toda esta retroalimentación que te den para mejorar la experiencia con ellos y para futuros clientes.

Es súper importante que siempre tengas gente ocupada y preocupada para estar revisando y asegurando el proceso de excelencia de servicio al cliente.

Si encuentras dónde hacer mejoras, inmediatamente pon a alguien como responsable, asígnale una fecha y documéntalo. Y sigan buscando dónde hay más áreas de oportunidad. Nunca va a estar de más todo el esfuerzo que podamos hacer para mejorar ese servicio al cliente.

Sé muy honesto, si en una publicidad o de manera verbal prometieron ciertas cosas que no han cumplido porque no has podido o por lo que sea, reajústalo para pongas solamente cosas que tu empresa puede cumplir en este momento.

Más vale que sean poquitas cosas que sí se cumplen a prometer mil cosas y que no cumplas ni una. Esos errores te hacen mala reputación.

Siempre debes estar cerrando ventas

Tú y tu gente deben estar preocupados por cómo van a conseguir cada vez más ventas, cómo van a estar haciendo nuevas estrategias para traer nuevos clientes.

Si tu negocio tiene atención al mostrador, tú debes de estar validando que la gente que atiende está haciendo una *venta sugestiva,* para que el cliente no compre sólo lo que fue a buscar sino que estas personas logren incrementar las ventas.

Necesitas hacer entrenamiento continuo en ventas a tu personal o a ti mismo porque un negocio sin ventas se muere.

Siempre debes de saber cuánto dinero estás haciendo en cada venta o trato

Tú como empresario y vendedor de tu negocio, tienes que darte a la tarea de ver el negocio con mente fría y debes de tener los datos de cuánto está cotizado, cuánto ya se facturó, cuánto está por facturarse.

Es muy importante que tú y algunas personas de tu organización tengan estos números siempre en el tope de la mente para que tú sepas cómo se está comportando el negocio.

Siempre debes estar abriendo nuevos clientes

Si tu negocio hasta el momento ha tenido los mismos clientes y también han estado recomprando ¡qué bien! Pero aquí en México decimos que "no es bueno tener todos los huevos en una canasta", tú tienes que poner en varias "canastas" las ventas.

Debes de comenzar a pensar en algunos planes y estrategias para ver cómo vas a activar a ciertos interesados o prospectos del mercado e incrementar el número de clientes.

Éste es un trabajo contínuo, es algo que no debes de dejar de lado, porque sin clientes no vas a poder tener ese negocio que estará muy bien en el futuro.

Siempre debes de estar aumentando el reconocimiento y posicionamiento de tu marca

Este reconocimiento y posicionamiento tiene que ser ante el público. Nunca dejes de lado el plan de marketing que ya hiciste, dale seguimiento, comprométete, ve evaluando y ve viendo qué impacto está teniendo, qué cosas están funcionando y qué cosas no. También puedes hacer estudios de mercado para ver de manera local o de manera nacional, dependiendo del impacto, qué tanto reconocimiento de marca está teniendo tu negocio.

Muchas veces el mercado va a comprar porque ya sabe algo de la marca. Por eso este es un trabajo constante que nunca debes dejar, ni olvidar.

Siempre debes poner atención en el mínimo detalle

Ponte a revisar si tu página tiene errores ortográficos, si el correo electrónico funciona correctamente, si las instalaciones están presentables y dignas, si hace falta mantenimiento.

Ten cuidado en todos los detalles si eres un establecimiento que recibe gente o que tiene venta al público, tienes que asegurarte que el baño esté en condiciones para ser prestado a un cliente. A veces pasa que todo lo que ve el cliente está muy bonito y cuando tiene que pasar al baño en la parte de atrás se da cuenta que no eres consistente con el cuidado que tienes con los detalles.

Yo te invito a que hagas un recorrido con todos tus colaboradores, y observen qué es lo que está pasando en mantenimiento, en infraestructura y que rápidamente pongan acciones para que no dejen que se deteriore.

Siempre tu establecimiento, tu página web, la documentación que entregas, debe estar en las mejores condiciones posibles.

Siempre debes hacer presentaciones al nivel del mejor del mundo

Si tú requieres hacer una presentación con un Power Point o un Media Kit, es importante que siempre tengas la presentación igual que el mejor del mundo.

Que tu presentación se vea muy profesional, que sea una presentación corta, que no esté saturada con información, que te asegures que desde el inicio tu producto o servicio resuelve los problemas o las necesidades de tus clientes, tus argumentos principales ayuden a que la gente entienda el porqué deben de adquirir tu producto o servicio.

Siempre debes de ocuparte de aprovechar de la mejor manera el tiempo

Debe ser un hábito tuyo y de tus colaboradores que siempre sean productivos, que siempre estén enfocados en cómo manejan la agenda y que siempre respetan el tiempo.

No hagas de tu organización una organización que le da "juntitis", y que ante un problema hacen una junta de 3 o 4 horas.

Desde el inicio acostúmbrense a que si va haber una junta, el tiempo esté asignado desde el inicio. Si es de 30 min, ¡que de verdad dure 30 min! Que sea una junta rápida, ágil y que se lleguen a acuerdos.

También si van a dedicar tiempo a prospectar, a hacer cotizaciones, a lo que sea, siempre estén enfocados en tiempo y que ese tiempo se respete.

Siempre debes mejorar, documentar y dar a conocer los procedimientos y procesos

Todos tus procesos y procedimientos tienen que estar actualizados al día porque la gente no será eterna en tu negocio o en tu establecimiento o en tu oficina.

Por eso se requiere que siempre esté documentado TAL CUAL a como están realizando las operaciones, para que si hay alguna fuga de gente o hay gente que tiene que ser despedida, tú tengas todo en control. Esto te permitirá que cuando llegue alguien nuevo entre directo a entrenarse y a producir, y que no te tome mucho tiempo que aprenda.

Si no tienes todo esto actualizado, va a ocasionar a que tú tengas un problema de costo y productividad dentro de la organización.

Siempre debes de mantener produciendo y creciendo tu negocio

Esto es fundamental, porque una condición de todo negocio es el crecimiento y la expansión. Tú cada año tienes que estar vendiendo más, tienes que estarte poniendo nuevos retos porque si te acostumbras nada más a mantenerte, realmente no te estás manteniendo estás decreciendo.

El reto aquí es que continuamente estés revisando tus indicadores, estés poniendo metas nuevas o retos nuevos, para que también tu propio personal sienta ese compromiso con tu organización así ellos podrán aportar y prepararse cada vez mejor para cumplir las nuevas metas de tu organización.

Tu Historia de Éxito

Aquí vas a escribir TU HISTORIA DE ÉXITO, ya sea la que estás viviendo o lo que crees y deseas vivir. Recuerda que toda historia de gran éxito tiene altas y bajas, y es la paciencia y el tiempo lo que las hace grandiosas.

_____:

_____

_____

_____

_____

_____

_____

_____

_____

_____

_____

_____

_____

_____

_____

_____

_____

_____

_____

_____

_____

_____

_____

Claves para Ser Tu Jefe En 6 Meses

Con esto terminamos el libro, deseo que hayas aprendido mucho y que hayas implementado todo lo que vimos. Si aún tienes tareas por hacer o que no hayas terminado te regreses y las hagas. Ahora con este contexto más amplio que tienes, te recomiendo que vuelvas a hacer las investigaciones o ejercicios para que tengas más información. Haz las cosas de manera muy profesional, muy ética y muy a lo GRANDE.

Te deseo lo mejor y espero tú también te desees lo mejor y te pongas a trabajar para cumplirlo. ¡Vamos por todo Emprendedor Empoderado! ¡Puedes hacerlo y eres capaz!

¡GRACIAS!

Queremos agradecerte enormemente por haber comprado este libro y además felicitarte por haberlo terminado de leer, eres del 1% que tiene la oportunidad de tomar y lograr más éxito.

También queremos darte algunas recomendaciones finales que te ayudarán a conseguir lo que deseas en un menor tiempo y con mejores resultados:

- **No regales este libro:** Mejor compra otro y regálalo con una dedicatoria especial para aquella persona, verás que esto le hará el día y además te permitirá volver a leer este libro una y otra vez para que vayas teniendo nuevos aprendizajes, pues cada vez que lo leas estarás preparado para recibir cierta información.

- **Pon en práctica de inmediato lo aprendido:** No dejes pasar ni un instante para empezar a practicar, olvídate de la pena (la pena para nada sirve y para todo estorba) y comienza a tener excelentes resultados, y

- **Visita, suscríbete y comparte nuestros Videos de YouTube:** hemos creado una enorme cantidad de videos gratuitos para que puedas ir perfeccionando tus habilidades de venta, ¡no dejes pasar esta oportunidad, búscanos en IGNIUSTV.

Estamos al pendiente y para apoyarte en el perfeccionamiento de tus técnicas de ventas, escríbenos a: info@ignius.com.mx

¡Todo el Éxito!

Ana María Godínez y Gustavo Hernández

Solicitud de Información

Por favor envíenme información acerca de: Próximos talleres y eventos, Adquisición de libros, Servicios especializados de asesoría.

Nombre: _____

Compañía: _____

Teléfono:_____ (_____)

Dirección:_____

Ciudad:_____ Estado:_____

C.P:_____ País:_____

Para recibir la información señalada, favor de enviar este Email a: info@ignius.com.mx o llámanos al teléfono +52 (477) 773-0005.